Michael Scheler

umwelt bewusst reisen.

mit Wohnmobil, Caravan und Geländewagen

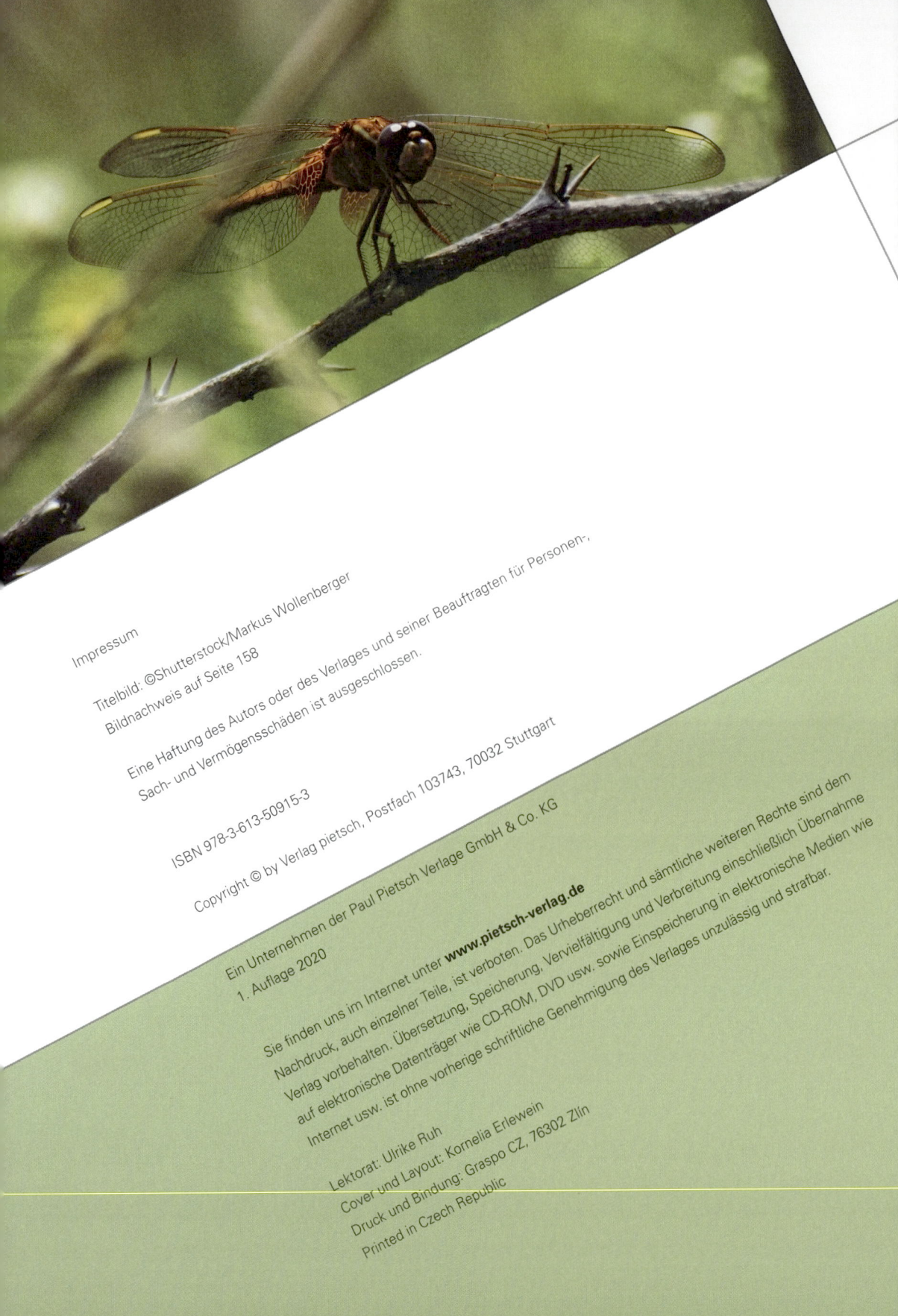

Impressum

Titelbild: ©Shutterstock/Markus Wollenberger
Bildnachweis auf Seite 158

Eine Haftung des Autors oder des Verlages und seiner Beauftragten für Personen-,
Sach- und Vermögensschäden ist ausgeschlossen.

ISBN 978-3-613-50915-3

Copyright © by Verlag pietsch, Postfach 103743, 70032 Stuttgart

Ein Unternehmen der Paul Pietsch Verlage GmbH & Co. KG
1. Auflage 2020

Sie finden uns im Internet unter www.pietsch-verlag.de

Lektorat: Ulrike Ruh
Cover und Layout: Kornelia Erlewein
Druck und Bindung: Graspo CZ, 76302 Zlín
Printed in Czech Republic

Inhalt

„Den eigenen ökologischen Fußabdruck klein zu halten funktioniert ohne großen Verzicht."

VORWORT

Das Thema Umweltschutz beschäftigt mich schon lange, sehr lange. Ende der 1980er schrieb ich meine Diplomarbeit zum Thema »Verbesserung der Abfallentsorgung der Lufthansabasis Frankfurt einschließlich Recycling«. Natürlich hatte das Thema für mich aber auch schon vorher seinen Reiz. Ich trennte meinen Abfall, sammelte Korken und brachte sie zur B.U.N.D.-Geschäftsstelle, die damals als einzige in der Stadt eine Annahmestelle dafür hatte, kaufte Milch zum Selbstabfüllen und hatte sogar einen kleinen Komposthaufen am Rande der Terrasse meiner ebenerdigen Studentenbude angelegt – bis sich der Nachbar beschwerte, dass dadurch Schnecken angelockt würden, die seine Blumen fräßen. Da sie sich leider auch an den Kräutern in meinen Töpfen gütlich taten, habe ich das mit dem Kompost erst mal wieder sein gelassen und erst Jahre später meine organischen Abfälle auf einem Komposthaufen entsorgt.

Aber auch in der Uni war ich ein wenig aktiv. So habe ich während des Studiums zum Beispiel mit ein paar anderen Studenten zusammen durchsetzen können, dass in der Cafeteria Sammelbehälter für Aluminium aufgestellt werden. Das wurde gut angenommen, aber der Erfolg war leider auch hier eher mäßig. Zwar sammelten sogar die Angestellten der Cafeteria darin fleißig Alu-Abfälle, warfen aber eben auch Kaffeetüten hinein, die zusätzlich mit Plastik beschichtet waren.

Auch die Bestandsaufnahme am Flughafen, die einen Teil meiner Diplomarbeit ausmachte, war eher frustrierend. Ein Mitarbeiter des zuständigen Entsorgungsunternehmens nahm mich dafür mit auf Tour über die Basis. Es gab dort damals schon Container für Papier, und nahezu jeder Arbeitsplatz war mit zwei Papierkörben ausgestattet – einer für Papier, einer für sonstige Abfälle. Die meisten Mitarbeiter trennten auch vorbildlich. Dennoch fanden sich im Papiermüll immer wieder komplette Aktenordner mit fein säuberlich in Klarsichthülle abgehefteten Briefen, Dokumenten und Computerausdrucken. Leider stellte sich das jedoch gar nicht als das größte Problem heraus. Denn den Mitarbeiterinnen und Mitarbeitern der Putzkolonne war nicht beizubringen, dass es komplett sinnlos ist, Papier separat zu sammeln, dann aber die mit Papier gefüllte Plastiktüte aus dem Mülleimer zu ziehen, zuzuknoten, eine neue Plastiktüte in den Mülleimer zu stecken und die gesammelten, zugeknoteten Tüten in den Papiercontainer zu werfen. Da es damals keine Sortieranlagen gab, die das wirtschaftlich wieder hätten trennen können, war der Containerinhalt somit wertlos und ging in die Müllverbrennung. Mein Fazit aus all diesen Erlebnissen lässt sich recht gut mit der Aussage »Gut gemeint ist nicht immer gut gemacht« zusammenfassen. Doch oft fehlt es einfach nur an ein paar zusätzlichen Informationen zu dem Thema, manchmal aber leider auch einfach nur am (guten) Willen.

Bei allem Bewusstsein für die Belange unserer Natur bin ich jedoch kein Umweltschützer, der permanent mit erhobenem Finger durch das Leben geht. Ich suche eher den sinnvollen und für jeden machbaren Weg und halte wenig von extremen Ansichten. Ein Weg, bei dem es nicht um Verbote und Verzicht, sondern um Einsicht geht. Denn es ist gar nicht so schwierig, etwas für die Umwelt zu tun, wenn man sich ein wenig mit dem Thema beschäftigt und ein paar Dinge berücksichtigt. Das fängt beim Einkauf an, bei dem man schon darauf achten kann, wenig Abfall in Form von oft überflüssigen Verpackungen in den Einkaufswagen zu legen, geht über Dinge wie treibstoffarme Fahrweise bis hin zur Abfallentsorgung.

Mit diesem Buch versuche ich daher, einen Beitrag zum umweltbewussten Reisen mit dem Freizeitmobil zu leisten. Ich möchte aufzeigen, dass man auch am verlängerten Wochenende, im Urlaub oder auf der großen Weltreise mit dem Expeditions-Allradler seinen ökologischen Fußabdruck klein halten kann. Und das ohne Verbote und großartigen Verzicht. Dazu ist es jedoch nötig, an ein paar Stellen umzudenken und Dinge anders zu machen, sein Verhalten nur ein klein wenig zu ändern. Wenn ich damit ein paar Menschen dazu bewegen kann, dieses Thema mit anderen Augen zu betrachten und einige meiner Ratschläge umzusetzen, freue ich mich. Und sollten es ein paar mehr Menschen werden, haben wir gemeinsam viel erreicht.

Da ihr, liebe Leser, dieses Buch jetzt in den Händen haltet, gehe ich davon aus, dass es auch euch ein Anliegen ist, unsere schöne Natur mit dem Respekt zu behandeln, den sie verdient. Daher bedanke ich mich ganz herzlich für euer Engagement und wünsche euch viele schöne Reisen mit eurem Reisefahrzeug.

Euer Michael Scheler

»Unterm Strich finden sich eine ganze Menge Möglichkeiten,
wie man auch unterwegs seinen Beitrag zu besserer Luft,
saubererem Wasser und lebensfreundlicherer Umwelt leisten kann.«

EINLEITUNG

Es war der ehemalige Bundesumweltminister Prof. Dr. Klaus Töpfer, der während seiner Amtszeit von 1987 bis 1994 neue Wege ging. Natürlich wurden damals schon verschiedene Abfälle getrennt gesammelt und wiederverwertet, aber mit der Einführung des Gelben Sacks schlug Töpfer ein neues Kapitel auf. Im Gedächtnis geblieben ist mir – neben seinem Sprung in den Rhein – aber vor allem die maßgeblich von ihm geprägte Maxime »Abfallvermeidung vor Recycling vor Abfallentsorgung«. Sie bildete dann auch die Grundlage für das »Gesetz zur Förderung der Kreislaufwirtschaft und Sicherung der umweltverträglichen Bewirtschaftung von Abfällen«, oder kurz Kreislaufwirtschaftsgesetz, das 1996 das bis dahin geltende Abfallgesetz ablöste. Dieses wiederum hatte 1986 das Gesetz über die Beseitigung von Abfällen von 1972 ersetzt. Interessant am Kreislaufwirtschaftsgesetz war, dass es damals weit über die seinerzeit noch eher in den Kinderschuhen steckenden Vorgaben der Europäischen Union hinausging, und Deutschland damit die Vorreiterrolle beim Thema Abfallrecht übernommen hatte.

Seit 2012 gilt nun die letzte Novelle des Kreislaufwirtschaftsgesetzes, die nach Inkrafttreten der Richtlinie 2008/98/EG über Abfälle der EU umfassend überarbeitet werden musste. Dennoch geht das deutsche Gesetz immer noch weiter als die EU-Richtlinie, denn es wurde auch darauf geachtet, das deutsche Abfallwirtschaftssystem weiter zu optimieren. Wir sind also noch einmal einige Schritte weitergekommen, auch wenn ich manchmal das Gefühl habe, dass gerade die lebensmittelproduzierende Industrie nicht ganz so handelt, wie sie eigentlich könnte oder sollte.

Aber es gibt mittlerweile noch weitere Gesetze, die sich mit dem Thema Umwelt beschäftigen. Das seit 2006 geltende Berufskraftfahrerqualifikationsgesetz (BKrFQG) beinhaltet auch das Thema verbrauchsoptimiertes Fahren. Im Rahmen der fünf Modulschulungen, die LKW-Fahrer aufgrund des BKrFQG alle fünf Jahre absolvieren müssen, werden daher die Möglichkeiten aufgezeigt weniger Treibstoff zu verbrauchen. Mancher Leser wird sich nun vielleicht fragen: »Und was will er uns Wohnmobilisten jetzt damit sagen?« Nun, es ist ganz einfach: Auch wir können von diesen Richtlinien und Gesetzen profitieren, wenn wir uns auf Reisen umweltbewusst verhalten wollen. Denn die Maxime »Abfallvermeidung vor Recycling vor Abfallentsorgung« lässt sich auch unterwegs anwenden. Mehr noch, sie lässt sich sogar um den Punkt Weiterverwendung, auch als Upcycling bezeichnet, erweitern. Und das Wissen, das den Fernfahrer weiter fahren lässt, ohne nachtanken zu müssen, nutzt auch dem Reisemobilisten oder Caravan-Fahrer. Denn mal ehrlich, wer gibt

sein Geld nicht lieber für ein paar Eisbecher aus als für Benzin? Und wie wir noch später sehen werden, können das sogar ziemlich viele Eisbecher werden. Da macht es dann sogar richtig Spaß, die Umwelt weniger zu belasten. In der Geschäftswelt würde man jetzt von einer Win-Win-Situation sprechen. Machen wir es eine Nummer kleiner und sprechen einfach von einem Doppelnutzen. Und ist das nicht gerade etwas, auf was wir als Reisende im eigenen rollenden Heim auch bei der Ausrüstung oft Wert legen: der Doppelnutzen mancher Dinge, die wir dabeihaben?

Doch es gibt noch andere Sachen, bei denen wir uns auch im Reisemobil umweltbewusster verhalten können. Ganz vorne mit dabei das Thema Toilette. In der Hauptsache wurden und werden hier Chemie-Toiletten eingebaut. Genutzt als Notlösung, wie viele Wohnmobilisten immer wieder betonen.

Erfreulicherweise gibt es mittlerweile Alternativen, die nicht nur wesentlich umweltfreundlicher sind, sondern nicht mehr nur Notlösung, wenn es unterwegs drückt. Aber auch der Umgang mit Wasser lässt sich in diesem Zusammenhang näher beleuchten. Hier ist es vor allem der Verbrauch mit dem kostbaren Nass, das als Trinkwasser auf unserer Erde immer seltener wird, und das wir im Wohnmobil nur in begrenzter Menge an Bord haben.

Weiter geht es mit Themen wie Strom, Heizen oder Putzen. Unterm Strich finden sich eine ganze Menge Wege, wie man trotz der engeren Platzverhältnisse und der eingeschränkteren Möglichkeiten auch unterwegs seinen Beitrag zu weniger Abfall, weniger Benzin- oder Dieselverbrauch und weniger umweltschädlichen Stoffen in der Natur leisten kann und damit seinen Beitrag zu besserer Luft, saubererem Wasser und lebensfreundlicherer Umwelt.

»Unterwegs gehört die Vermeidung von Verpackungsmüll zu den größten Herausforderungen.«

EINKAUFEN UNTERWEGS

»**W**eil Speis und Trank in dieser Welt doch Leib und Seel' zusammenhält.«, schrieb Hinrich Hirsch 1690 als Textzeile für das Libretto des Singspiels »Der irrende Ritter Don Quixotte de la Mancha«. Ob er sich bewusst war, dass seine Landsleut' gut 300 Jahre später immer noch gerne das – aus diesen Zeilen abgeleitete – Sprichwort »Essen und Trinken hält Leib und Seele zusammen« bemühen, wenn sie sich den Freuden einer reich gedeckten Tafel hingeben? Wohl kaum.

Nichtsdestotrotz: Es gilt nach wie vor. Gerade für die, die eben gerne essen und trinken, die gerne aufwändig kochen, braten, backen, den Tisch einladend eindecken und es sich schmecken lassen. Daheim, in der mehr oder minder großen Küche, kein Problem. Hier ist Platz, hier finden sich Töpfe, Pfannen und Tiegel zuhauf, und der Backofen ist groß genug für eine gut genährte Weihnachtsgans.

Nicht so im Wohnmobil. Hier geht es enger zu, und der Platz, den die Kochecke ausfüllt, nimmt sich eher bescheiden, ja geradezu spartanisch aus. Man sollte also annehmen, dass auch Kochen und Essen weniger opulent ausfallen dürften. Dass man eher zu Fertiggerichten, Tütensuppen oder Dosenravioli greift, um es einfacher zu haben. Dass dem nicht so sein muss, habe ich in meinem Reisekochbuch »Cooking off the Road« dargelegt.

Doch hier soll es nicht um das Kochen an sich gehen, sondern vor allem um das, was man dazu einkauft. Denn auch im Wohnmobil lässt sich umweltfreundliches Einkaufen und Lagern von Lebensmitteln realisieren. Der wesentlichste Punkt dabei ist die Vermeidung von überflüssigem Müll.

Gerade im Reisefahrzeug hat das gleich noch einen weiteren Vorteil, denn der Platz für die Abfälle ist begrenzt, das sinnvolle Sortieren schwierig. Die Möglichkeiten, den Abfall problemlos zu entsorgen, sind ebenfalls eingeschränkt, gerade, wenn man nicht auf einem Camping- oder Wohnmobil-Stellplatz steht. Und wer hat sich nach einem Großeinkauf nicht schon gewundert, dass die Abfallbehälter nach dem Auspacken schon wieder randvoll sind. Meist sind es Unmengen an Plastikfolien und anderen kunststoffbeschichteten Materialien, die sich da türmen. Sie zu vermeiden ist die größte Herausforderung. Kaum etwas, das nicht in Folien verpackt und oft genug auch noch mit Kunststoffschalen versehen ist. Das gilt für Obst und Gemüse genauso wie für abgepackten Käse oder abgepackte Wurst und

Statt der Kunststofftüten für loses Obst und Gemüse aus dem Supermarkt lassen sich wiederverwendbare Beutel verwenden. Sie sind mittlerweile in fast allen Supermärkten und Discountern zu bekommen.

Meist hat man die Wahl, ob man das Gemüse in Folie kauft oder lose. Bei loser Ware kann man sich obendrein aussuchen, welche Früchte man mit nach Hause nehmen will.

macht auch vor Toastbrot, Chips, Keksen oder Toilettenpapier nicht halt. Sicher, manches muss verpackt werden, damit es sauber und frisch bleibt. Und gerade bei Lebensmitteln kommt der Hygiene-Faktor hinzu. Dennoch sollte man versuchen, Produkte mit möglichst wenig überflüssiger Umverpackung zu kaufen. Bei Obst und Gemüse ist das mittlerweile gut möglich. Fast in jedem Supermarkt sind inzwischen wiederverwendbare Netze zu bekommen, in die man Paprika & Co. legen kann und damit zur Kasse tragen. Man sollte sie nur nicht im Auto vergessen, wenn man den Laden betritt.

Der andere Aspekt betrifft die Lebensmittel selbst. Je frischer und naturbelassener, umso umweltfreundlicher – könnte man meinen. Doch Obst und Gemüse sind nicht gleich Obst und Gemüse und Fleisch nicht gleich Fleisch. Daher gilt es ein wenig Ausschau zu halten, nach Einkaufsmöglichkeiten, bei denen – mehr oder minder – garantiert ist, dass die angebotenen Produkte auch umweltfreundlich produziert wurden. Da man ohnehin unterwegs ist, lässt sich das gut einrichten. Kommt man zum Beispiel an einem Hofladen vorbei, der Gemüse verkauft, lässt sich schnell feststellen, ob die Ware wirklich »Bio« ist. Den Eindruck, ob da einer nur ein Siegel draufgeklebt hat oder es wirklich ernst meint, gewinnt man schnell.

Auch klassische Landmetzgereien oder Landbäcker sind eine gute Adresse, wenn man nicht mit Wasser und Antibiotika aufgepumptes Fleisch oder Industriebrote voller Backtreibmittel und anderer dubioser Zusätze erstehen möchte. Kommt man zum Beispiel unvermutet an einer Forellenzucht vorbei, ist das eine gute Gelegenheit frischen Fisch

Sind Salate derart verpackt, sieht man nicht, wie frisch sie sind und ob sie irgendwo schon braune Stellen haben. Da man die äußeren Blätter in der Regel ohnehin nicht verwendet, ist die Folie außerdem ziemlich überflüssig.

Chips, Flips und andere Snacks bekommt man leider nur in Tüten. Weiterverwenden kann man sie eher nicht.

zu kaufen, der nicht mit Delfinen oder Meeresschild-
kröten als Beifang belastet ist. Das gleiche gilt für
die kleinen Stände an Fischereihäfen, aus denen
noch kleine Boote zum nächtlichen Fang auslaufen.
Kann man direkt von Bord kaufen, gibt man obendrein sogar meist weniger aus als an der Delikates-
sen-Fischtheke im Supermarkt.

Gerade für regionale Produkte sind Wochenmärkte
oder feste Markthallen der ideale Einkaufsort.
Hier kann man sich erkundigen, woher die Produkte
kommen, sich beraten lassen und bekommt obendrein oft noch einen guten Tipp zur Zubereitung. Das
bietet kein Supermarkt und der Discounter schon gar
nicht. Hinzu kommt ein wahres Fest für die Sinne.
Gerade Augen und Nase dürfen sich an den Ein-
drücken und Düften bis zur Besinnungslosigkeit be-
rauschen. Und auch der Geschmack kommt selten zu
kurz. Hier bietet ein Händler Ziegenkäse vom eigenen
Hof zum Probieren an, dort schneidet die Marktfrau
großzügig Schnitze von saftigen Äpfeln und reicht sie
über die Auslagen voller orange leuchtender Möhren

und knackig grüner Salate, und am nächsten Stand
warten Öle und Olivenpasten ungeduldig darauf,
zusammen mit einen Stück frischem Baguette ver-
kostet zu werden.

Zugegeben, eines kann so ein Markt nicht: mit den
Preisen der Discount-Giganten mithalten. Und es
bleibt auch unbenommen, dass ein gewisser Vorrat
an Dosen, Nudeln, Reis oder anderen Produkten in
den Bordproviant gehört, und sei es nur, um im Notfall auch mal ein paar Tage zu überbrücken, weil sich
eben gerade keine Einkaufsgelegenheit findet, oder
man einfach nicht jeden Tag alles zusammenpacken
und pistenfest verstauen will, nur um einkaufen zu
fahren.

Die Möglichkeiten, schon beim Einkaufen Müll zu
vermeiden, sind mittlerweile so bekannt, wie seit
Corona schwierig geworden. Fand man vor dem
Auftreten des Virus zum Beispiel immer mehr
Metzgereien, bei denen man seine Wurst in mitgebrachte Kunststoffdosen oder Mehrwegbehälter
aus dem hauseigenen System einpacken lassen

Kekse und Pralinen sind meist in Kartons und in Folie verpackt, damit sie frisch
bleiben. Hier kann man versuchen Produkte zu wählen, die nur in einer der beiden
Verpackungen angeboten werden.

konnte, ist dies derzeit nicht mehr möglich. Eine Alternative wäre, die freundliche Verkäuferin zu bitten, mehrere Sorten zusammen einzupacken. Eine Möglichkeit, die aber ihre Schwächen hat, wenn es darum geht, zwei Sorten mit sehr stark unterschiedlichen Geschmacksrichtungen zusammenzupacken oder das Stück Leberwurst zusammen mit dem gekochten Schinken einzuwickeln. In jedem Fall aber ist der Kauf beim Metzger gegenüber der in Plastik abgepackten Supermarktware die bessere Alternative – nicht nur wegen der Verpackung, auch wegen der Qualität.

Grundsätzlich gilt es, beim Einkauf einfach etwas zu überlegen. Was kann man auch umweltfreundlicher verpackt einkaufen, was gibt es auch weniger aufwändig eingepackt?
Muss man den in Folie eingetüteten Salat oder die eingeschweißten Paprika kaufen, oder geht es auch ohne Kunststoff? Freilich muss man zwischen Hygiene und Umweltschutzgedanken abwägen.

Doch denken wir an andere Länder dieser Erde, bei denen es nicht an jeder Ecke alles einzeln verpackt im Supermarkt zu kaufen gibt, werden wir uns schnell bewusst, dass der hierzulande herrschende Verpackungswahn nicht notwendig ist. Doch wir müssen den Blick gar nicht so weit in die Ferne richten. Besuchen wir einfach eines der vielen türkischen Lebensmittel-Geschäfte hier bei uns. Obst und Gemüse in Plastikfolie findet mal dort in der Regel nicht, und statt der dünnen Kunststoffbeutel können auch hier die oben schon erwähnten Stoffsäckchen zum Einsatz kommen.
Schwieriger wird es bei Getränken. Klar ist, dass die Glasflasche im Pfandsystem die größten Vorteile für die Umwelt hat. Auf der einen Seite gibt es dieses Pfandsystem aber nicht überall auf der Welt, auf der anderen Seite sind Glasflaschen zerbrechlich und schwerer als Flaschen aus Kunststoff. Trinkt man nur Wasser, kann man sich überlegen, ob man es zum Trinken aus dem Wasserhahn zapft. Wenn man das tut, sollte man jedoch gegebenen-

falls über einen Wasserfilter nachdenken (siehe Kapitel Wasser). Bei Softgetränken wird es schon schwieriger und bei Wein, Bier oder gar Schnaps nahezu aussichtslos. Ist Wein noch im Tetrapack zu bekommen oder Bier in Dosen oder Plastikflaschen, ist Schnaps, wenn nicht im Holzfass, nur in Glasflaschen erhältlich. Beschäftigen wir uns also mit den Themen Abfall und Abfallentsorgung.

Eine Möglichkeit auf Verpackungen für Kekse und Müsliriegel zu verzichten, ist natürlich sie selbst herzustellen. Natürlich sind die Zutaten dafür auch verpackt, aber meist weniger aufwändig. Rechnet man zudem noch aus, wie viele Kekse, Knusperriegel oder andere Leckereien man damit backen kann und vergleicht die Menge mit der mehr oder minder gleichen Menge an fertig gekauftem Knabbergebäck, bekommt man schnell eine Ahnung davon, wie groß der Haufen an Verpackungsmaterial dafür wohl sein würde.

Als kleines Beispiel, wie schnell und unkompliziert man einen leckeren Zwischensnack zu Hause auf Vorrat backen und dann im Reisemobil mitnehmen kann, hier ein leckeres Rezept dazu. Wer einen Backofen im Wohnmobil hat, kann die Knusperstangen natürlich auch unterwegs backen.

Die Sonnenblumenkerne in einer Pfanne (ohne Öl) leicht anrösten und abkühlen lassen. Zusammen mit den Aprikosen und den Cranberrys grob hacken. Anschließend mit den Haferfleks vermischen.

Backofen auf 160 Grad (Umluft) vorheizen. Ein Backblech mit Backpapier auslegen.

Die Butter mit dem Rohrohrzucker und dem Ei schaumig schlagen. Dann das Dinkelmehl und die Haferflocken unterrühren. Anschließend die Mischung mit den Haferfleks unterheben.

10 bis 12 Stangen oder Riegel (etwa 10 x 4 x 2 Zentimeter) aus der Masse formen. Ein gut gehäufter Esslöffel Teig entspricht etwa der Menge für einen Riegel, die man am besten direkt auf dem Backblech formt.

Nun die Stangen auf der mittleren Schiene für circa 15 Minuten backen. Danach aus dem Ofen nehmen und auf dem Backblech abkühlen lassen.

Müsli-Knusperstangen

Menge für 10 bis 12 Knusperstangen

- 40 g Sonnenblumenkerne
- 50 g zarte Haferflocken
- 50 g Haferfleks
- 100 g Dinkelmehl
- 50 g getrocknete Cranberrys
- 50 g getrocknete Aprikosen
- 80 g Butter
- 90 g Rohrohrzucker
- 1 Ei

Tipp

Alternativ kann man aus dem Teig auch Kekse formen. Dafür mit einem Teelöffel kleine Häufchen (ergibt etwa 50 Stück) auf das mit Backpapier ausgelegte Blech setzen und 10 Minuten backen.

Müsli-Knusperstangen sind schnell selbst gebacken. Außerdem weiß man, was drin ist. Die kurz angerösteten Sonnenblumenkerne werden zusammen mit den getrockneten Aprikosen und den Cranberrys klein gehackt.

Anschließend werden die Haferfleks untergemischt. Sie sorgen für das Knusprige im Riegel. Die Butter wird zusammen mit dem Ei und dem Rohrzucker schaumig geschlagen und anschließend mit dem Dinkelmehl vermischt.

Danach wird die Mischung mit den Haferfleks untergehoben. Der Teig sollte eine zähe, klebrige Konsistenz haben.

Nun werden die Stangen geformt. Das macht man am besten direkt auf dem Backblech. Ein guter Esslöffel voll Teig ergibt eine Stange.

Nach dem Auskühlen kann man die Knusperriegel für einige Zeit in einer wiederverwendbaren Box aufheben. Damit hat man Verpackungsmüll gespart und einen leckeren Snack für zwischendurch.

„Dass tausende Tonnen von Plastik und anderer Unrat durch die Weltmeere schwimmen, sollte mittlerweile so ziemlich jeder mitbekommen haben."

ABFALL

Der Autobahn-
parkplatz am
Chiemsee gehört
zu den schönsten
Autobahnpark-
plätzen Deutsch-
lands. Obwohl
alle zehn Meter
eine Abfalltonne
steht, liegt über-
all Müll herum.

Wie sehr man auch versucht, schon beim Einkauf überflüssige Abfälle zu vermeiden, sie fallen unweigerlich an. Wir alle produzieren ihn: den Abfall. Kaum etwas, bei dem nicht ein Rest übrigbleibt, den wir nicht benötigen oder verwenden können. Manches davon ist organisch und könnte auf den Kompost, das meiste aber ist aus Papier, Kunststoff, Aluminium oder – wie zum Beispiel die Tetrapaks – einer Mischung aus allen dreien. Dinge also, die in der Natur nicht verrotten oder wenn, dann nur sehr, sehr langsam. Und daher Dinge, die wir gezielt in Recyclingtonnen, Abfalleimern oder Müllcontainern entsorgen und nicht einfach in die Landschaft schmeißen sollten.

Die Wahrheit sieht leider anders aus. Schaut man sich draußen um, findet man nahezu überall Müll, der da nicht hingehört. Dabei ist es ziemlich egal, ob man sich auf einem Parkplatz, am Fahrbahnrand von Straßen und Autobahnen oder am sprichwörtlich einsamen See befindet. Selbst in den weitläufigen Wäldern und Landschaften Rumäniens oder in der einsamen Wüste, weitab jeglicher Zivilisation, stößt man auf achtlos weggeworfene Abfälle. Und dass tausende Tonnen von Plastik und anderer Unrat durch die Weltmeere schwimmen, sollte mittlerweile so ziemlich jeder mitbekommen haben.

Dennoch gibt es immer noch viel zu viele Zeitgenossen, die sich nicht daran stören, die ihren Müll liegenlassen wo sie gehen und stehen. Nach mir die (Abfall-)Sintflut mögen sie denken. Es ist ihnen egal, dass ihnen andere ihren Dreck hinterherräumen müssen. Es ist ihnen egal, dass der Müll vielleicht für Jahrzehnte oder gar Jahrhunderte dort liegenbleibt. Und es ist ihnen letztlich sogar egal, dass dieser Müll den Tod für andere Lebewesen dieser schönen Erde bedeutet. Täglich verenden Fische, Vögel, Echsen und andere Kleintiere auf dieser Welt qualvoll, weil sie sich in Abfällen verfangen, oder weil sie die darin zurückgebliebenen Nahrungsreste fressen wollen und sich nicht mehr befreien können. Abgesehen davon, sind manche Lebensmittelreste für Tiere schädlich.

Klein und unscheinbar, aber auch ein Bonbonpapier gehört in den Abfallbehälter. Verantwortungsbewusste Eltern bringen das ihren Kindern bei.

Den Mund-Nasenschutz nach Gebrauch einfach wegzuwerfen, gehört definitiv nicht zum Sicherheitskonzept. Auch er gehört in die Abfalltonne.

Weggeworfene Getränkedosen können für Kleintiere wie Mäuse oder Eidechsen tödlich sein. Stecken sie den Kopf auf der Suche nach Resten hinein, können sie sich an scharfen Kanten verletzen oder bekommen den Kopf nicht mehr heraus und verenden elend.

Abfall

»Was ist falsch gelaufen bei diesen Menschen?«, frage ich mich dann oft, »Warum
kann man seinen Müll nicht ordentlich entsorgen?«. Und das selbst dann nicht, wenn der
nächste Abfallbehälter einen fast anspringt.
Der Autobahn-Parkplatz auf der A8 direkt
am Chiemsee gehört wohl zu den schönsten
Autobahnparkplätzen Deutschlands. Man parkt
direkt am See und hat einen phantastischen
Blick über das Wasser, kann über eine niedri-
ge Mauer steigen und steht direkt auf einem
kleinen Strandstück. Hier könnte man die
Schuhe ausziehen und die Füße im erfrischen-
den Nass kühlen. Man wird es dennoch nicht
tun, denn man würde dort zwischen allen
möglichen Abfällen und Glasscherben herum-
laufen. Aber auch auf dem Parkplatz selbst
sieht es nicht besser aus. Alle paar Meter eine
Verpackung eines Schokoriegels, eine achtlos weggeworfene Getränkedose, eine leere
Flasche, Papierschnipsel, Plastikreste und
was man sonst eben noch so wegwirft. Man
könnte ja vielleicht noch den Versuch wagen
es nachzuvollziehen, stünden dort keine Müll-
tonnen oder sonstigen Abfallbehälter. Aber
auf diesem Parkplatz steht alle zehn bis zwölf
Meter eine große Mülltonne. »Warum also«,
frage ich mich, »schaffen viele es nicht, ein
paar Schritte zu laufen und ihren Abfall dort
reinzuschmeißen?«.

Liegt es an der Erziehung? Ich erinnere mich
noch recht gut an eine Begebenheit, die wohl
für den Rest meines Lebens meinen Umgang
mit Abfall prägen sollte. Ich war etwa drei
oder vier Jahre alt. Damals gab es in Hamburg
noch diese kleinen Kaufmannsläden, die eine
halbe Treppe unter Straßenniveau lagen. Und
damals bekamen kleine Jungs, und ziemlich
sicher auch kleine Mädchen, vom Kaufmann
einen Bonbon aus dem großen Bonbonglas

geschenkt, während sie sich, an den Rock-zipfel ihrer Mutter klammernd, neugierig und ehrfurchtsvoll in dieser Welt voller Milchflaschen, Marmeladengläser, Nudelpackungen und Konservendosen umsahen. Kaum aus dem Laden raus, hatte ich den Bonbon auch schon im Mund. Ein paar Schritte weiter fragte meine Mutter, wo ich denn den Bonbon hätte. »Im Mumd«, war die undeutliche Antwort. Wo denn das Bonbonpapier sei, war die nächste Frage, auf die ich antwortete: »Da himtem weggesschmissem«, war die ebenfalls kaum zu verstehende Antwort. Nun, ich musste die etwa zehn Schritte zurücklaufen, das Papier aufheben und etwa zehn Schritte weiter in einen Abfallbehälter werfen, der dort aufgehängt war.

Dass mich dies doch nachhaltiger prägte, als ich jemals angenommen habe, merkte ich rund 40 Jahre später. Die Lust auf Bonbons war mittlerweile der Sucht nach Zigaretten gewichen. Während einer Mittagspause kaufte ich mir in Frankfurt an einem Kiosk ein neues Päckchen und eilte weiter in die Stehpizzeria, um mit einigen Kollegen eine dieser typischen Mittagspausen, wie sie in großen Städten üblich sind, zu verbringen. Das Cellophan-Papier riss ich noch im Gehen ab und warf es, in dem Bewusstsein, dass in Frankfurt ohnehin jeden Tag die Straßenkehrer unterwegs sind, achtlos weg. Ich kam nur etwa fünf bis zehn Schritte weit, bevor ich umdrehte, zurückging und mich über mich selbst schämend, das Papier wieder aufhob.

Gerade in der Nähe von Fast-Food-Restaurants, Imbissbuden oder Metzgereien, die eine heiße Theke haben, wird der Müll gerne achtlos in die Landschaft geworfen.

Sehe ich mich heute in den Straßen, auf Parkplätzen, an Straßenrändern oder in der freien Natur um, macht sich die Erkenntnis breit, dass Eltern ihren Kindern vielleicht nicht mehr beibringen ihren Müll in Abfalltonnen zu werfen.

Unter Bergsteigern, Kletterern oder Offroadern gilt: Was man mit in die Natur hineinnimmt, nimmt man auch wieder mit hinaus. Abfall liegenzulassen ist verpönt. Sicher gibt es auch hier Ausnahmen, sie sind aber (glücklicher-

weise) selten. Was Menschen mit diesen Hobbys schaffen, sollte also jeder andere Mensch ebenfalls hinbekommen – eigentlich. Denn was am Berg mit dem Rucksack geht, das geht im Reisemobil erst recht. Hier lässt sich der Müll sogar trennen. Der Platz reicht dafür locker aus. Man muss es eben nur etwas organisieren, dann kann man seine Abfälle dort entsorgen, wo sie hingehören.

All diese Produkte, die zum Teil mit hohem Energieaufwand produziert wurden, benötigt man nicht mehr, nachdem sie ihren Bestimmungszweck erfüllt haben. Die Liste dessen, was man davon in irgendeiner Form weiterverwenden könnte, ist leider sehr kurz. Hier und da ein Schraubglas oder vielleicht eine Glasflasche, vielleicht die eine oder andere Blech- oder Kunststoffdose und in seltenen Fällen eventuell irgendeine Tüte oder Folie. Der Rest ist Abfall. Abfall, den man zu Hause (hoffentlich) so gut es geht sortiert und in Sammelbehälter, auf den Kompost oder eben in die Restmülltonne wirft.

Was sind es eigentlich für Abfälle, die wir täglich produzieren? Und wie können wir sie auch unterwegs vernünftig entsorgen? Die wesentlichen Abfälle sind:

- Organische Abfälle, wie Obst und Gemüseschalen, Salatreste oder Kerngehäuse.
- Papierverpackungen oder Papierprodukte, wie Papiertüten, Schokoladen- oder Keks-Umverpackungen und Papiertücher und -servietten.
- Kunststoffverpackungen oder -flaschen, wie Plastikfolien oder -formen, in denen die verschiedensten Lebensmittel verpackt oder Getränke abgefüllt werden, wie zum Beispiel Joghurts, Saure Sahne und Pudding oder Einwegflaschen für Getränke, die nicht der Pfandpflicht unterliegen.
- Tetrapaks, die als Behälter für Getränke, Süße Sahne oder passierte Tomaten verwendet werden.
- Dosen aus Weißblech oder Aluminium, die für Getränke und Konserven verwendet werden.
- Glasflaschen oder Gläser für Getränke, Marmelade, Honig oder sauer Eingelegtes.
- Alufolien oder Folien aus mit Alu bedampften Kunststoffen, wie Schokoladen-Innenverpackung, Chipstüten oder Energieriegel-Verpackungen.

Was aber machen wir unterwegs damit? Der Platz im Wohnmobil ist begrenzt, und dummerweise beginnen manche dieser Reststoffe nach einer gewissen Zeit unangenehm zu riechen. Steht man mit seinem Reisemobil auf einem Camping- oder Wohnmobilstellplatz, kann man Glück haben, und es gibt auch dort Möglichkeiten, den Müll getrennt zu entsorgen. Das ist gut, denn in diesen Abfällen befinden sich nach wie vor Grundmaterialien, die sich wiederverwerten lassen. Manche leichter, manche leider schwieriger. Dennoch kann viel davon wieder in den Produktionskreislauf zurückgeführt werden. Daher sollte man auch unterwegs darauf achten, dass man seinen Abfall möglichst in die Behälter entsorgt, die für die jeweiligen Produkte bereitgestellt werden. Das bedingt jedoch, dass man sie im Fahrzeug auch schon entsprechend sammelt – trotz der eingeschränkten Platzverhältnisse.

Das erfordert aber etwas Organisation und Disziplin. Natürlich fällt es nicht großartig ins Gewicht, wenn ein einzelner Camper das nicht tut und alles in einer Tüte im großen Mülleimer entsorgt. Machen das aber 100, 1000 oder gar 10.000 Camper, sieht die Sache anders aus. Ich möchte versuchen, das an einem »Lern-Erlebnis« aus meiner Kindheit zu verdeutlichen: Ich war mit meiner Mutter zu Fuß

»Bis eine Plastikflasche verrottet ist, dauert es je nach Materialzusammensetzung 100–5000 Jahre.«

auf einem Bürgersteig unterwegs. Ich weiß nicht mehr wo es war, woher wir kamen und wohin wir gingen. Ich weiß aber, dass dort in irgendeinem Vorgarten ein Strauch wuchs und ich gedankenlos ein Blatt abriss, das ich ein paar Schritte später wieder fallenlassen würde. Ich hatte das schon oft getan und kann mir vorstellen, dass tausende kleine Kinder das ebenfalls schon immer so gemacht haben und auch weiterhin tun werden. Doch diesmal war meine Mutter dabei und sah es. Sie fragte, warum ich das getan hätte. Als Antwort kam ein Achselzucken, und sie erklärte mir, dass ich das nicht mehr machen solle. Auf meinen Kommentar, dass es ja nur ein Blatt gewesen

sei, entgegnete sie, dass das schon stimmen würde, aber wenn jeder, der an dem Strauch vorbeiginge, eben ein Blatt abreißen würde, der Strauch dann bald keine Blätter mehr hätte und irgendwann vielleicht eingehen würde. Das leuchtete mir ein. Seitdem riss ich keine Blätter mehr im Vorbeigehen von Bäumen oder Sträuchern.
Dieses Beispiel und die daraus resultierende Lehre lassen sich auf fast alle Bereiche des Lebens übertragen. Machen eine oder zwei Personen etwas, hat ihr Handeln (meist) keine großen Auswirkungen. Machen es jedoch viele, können auch kleine Handlungen zu großen Problemen werden.

Wir sollten uns also darüber bewusst werden, dass wir nicht die Einzigen sind, die vielleicht so handeln, und dass es sehr wohl etwas ausmacht, ob wir etwas tun oder eben nicht tun. Den Müll eben nicht trennen oder ihn gar irgendwo in die Landschaft werfen.

Bringen wir ein paar Zahlen ins Spiel. Laut der Pressemeldung Nummer N 033 vom 2. Juli 2020 des Statistischen Bundesamtes ist der Bestand der in Deutschland zugelassenen Wohnmobile von 2015 bis 2020 von gut 390.000 Fahrzeugen auf knapp 590.000 gewachsen. Das entspricht einem Plus von 50 Prozent. Ergänzen wir dies um eine Meldung des Caravaning Industrie Verbands vom Dezember 2020, die aussagt, dass in Deutschland im Zeitraum von Januar bis November 2020 mehr als 100.000 Freizeitfahrzeuge (Caravans & Wohnmobile) neu zugelassen wurden – so viel wie nie zuvor. Schauen wir auf die dazugehörige Jahresstatistik, sehen wir, dass von Juli bis November 2020 rund 33.000 Wohnmobile neu zugelassen wurden. Gehen wir davon aus, dass im Gegenzug ein paar Fahrzeuge aus dem Verkehr genommen wurden, sollte der Bestand an zugelassenen Wohnmobilen im Dezember 2020 bei rund 620.000 Fahrzeugen liegen. Nehmen wir nun der Einfachheit halber an, dass sich etwa 40 Prozent der Fahrzeuge an irgendeinem beliebigen Tag auf Reisen befinden, sind das 248.000 Fahrzeuge. Nehmen wir nun wieder der Einfachheit halber an, dass von den 248.000 Fahrzeugbesatzungen an einem beliebigen Tag eine Glasflasche nicht in einem Glascontainer, sondern im Restmüll entsorgt wird, sind das 49.600 Flaschen – an einem Tag. Flaschen,

die nicht dem Recycling zugeführt werden. Nehmen wir weiterhin an, dass 10 Prozent der Fahrzeugbesatzungen die Verpackung eines Müsliriegels, eine Getränkeflasche oder das Einwickelpapier eines Hamburgers achtlos in die Landschaft schmeißen, sind das 24.800 Einzelstücke Abfall, die nicht da landen, wo sie eigentlich sollten – an einem Tag. Auf das Jahr gerechnet ergeben sich somit also gut 18 Millionen Glasflaschen und gut neun Millionen Abfälle unterschiedlichster Materialien, die nach dem Motto »ach, das eine Papier, die eine Verpackung oder Flasche ist schon nicht so schlimm« weggeworfen werden.

»Machen eine oder zwei Personen etwas, hat ihr Handeln (meist) keine großen Auswirkungen.« Schauen wir uns also, nachdem wir die Ausführungen oben verinnerlicht haben, noch einmal auf den Straßen und Plätzen um und werfen wir einen Blick in die Abfallbehälter auf den Camping- und Wohnmobilstellplätzen, so erkennen wir schnell, dass es eben nicht nur eine oder zwei Personen sind, die ihren Abfall dort entsorgen, wo er eigentlich nicht hingehört, sondern eben doch viele. Auf mein Lern-Erlebnis von oben übertragen: Der Strauch wäre mittlerweile kahl. Und wer weiß, vielleicht würde er irgendwann eingehen. Dass die Erde an unserem sorglosen Verhalten mit Abfall irgendwann »eingeht«, wage ich zwar zu bezweifeln. Aber es verändert sie, und es verändert unsere Lebensgrundlage. Wahrscheinlicher ist, dass sie uns auf Dauer immer weniger Möglichkeiten bieten wird, sauberes Wasser zu haben oder die unberührten Fleckchen Natur zu finden, in die wir so gerne reisen würden.

Selbst ein Papiertaschentuch benötigt ein bis fünf Jahre, um vollständig zu verrotten,
da moderne Herstellungsverfahren das Papier wasser- und reißfest machen.

Verrottungstabelle

Abfallart	Geschätzte Zersetzungsdauer	Probleme
Menschlicher Kot	1 Monat bis unendlich (Eis)	Krankheitserreger können von Wildtieren aufgenommen werden oder in den Nahrungsmittel-Kreislauf gelangen.
Papiertaschentuch	1 bis 5 Jahre	Moderne Verfahren machen das Material reiß- und wasserfest und verzögern die Verrottung.
Bananenschale	1 bis 2 Jahre	Braucht tropisches Klima für schnellen Abbau, verrottet in kälterem Klima also langsamer.
Orangenschale	1 bis 3 Jahre	Braucht tropisches Klima für schnellen Abbau, verrottet in kälterem Klima also langsamer.
Zeitung	1 bis 3 Jahre	Druckerschwärze braucht lange um zersetzt zu werden und ist schädlich für die Umwelt.
Zigarettenstummel	2 bis 7 Jahre	Schadstoffe und Gifte gelangen mit der Zeit in den Boden und ins Grundwasser.
Kaugummi	3 bis 5 Jahre	Klebt und ergibt mit der Zeit auf manchen Untergründen unschöne Flecken, die sich kaum entfernen lassen.
Tetrapak	50 bis 100 Jahre	Besteht aus Papier, Kunststoff und Aluminium. Die enthaltenen Weichmacher können in die Umwelt gelangen.
Leder	50 bis 100 Jahre	Durch die Veredelung mit verschiedenen Stoffen versetzt, die je nach Umweltverträglichkeit die Natur belasten.
Blechdose	50 bis 500 Jahre	Tiere können sich an scharfen Kanten verletzen oder darin verenden, wenn sie sich darin verfangen.
Nylonfasern	60 Jahre	Fische, Vögel und Säugetiere können sich darin verfangen und elend verenden.
Plastiksack	100 bis 200 Jahre	Kann ebenfalls für Wildtiere zur tödlichen Falle werden. Weichmacher können in die Umwelt gelangen.
Plastikflasche	100 bis 5000 Jahre	Kann für Wildtiere zur tödlichen Falle werden. Weichmacher können in die Umwelt gelangen.
Aluminiumpapier, Aluminiumprodukte	200 bis 400 Jahre	Kann je nach Produkt ebenfalls für Wildtiere gefährlich werden. Zersetzt sich langsamer als Blech.
Babywindel	500 bis 800 Jahre	Moderne Windeln bestehen aus einem Materialmix. Herstellungsverfahren machen das Material reiß- und wasserfest und verzögern die Verrottung.
Glas, Glasflaschen	4000 Jahre bis unendlich	Wird fast ausschließlich nur durch die Einwirkung von Naturkräften wie Wind oder Wasser zerkleinert, ist daher nahezu ewig haltbar.
Styropor	6000 Jahre bis unendlich	Wird fast ausschließlich nur durch die Einwirkung von Naturkräften wie Wind oder Wasser zerkleinert, ist daher nahezu ewig haltbar.

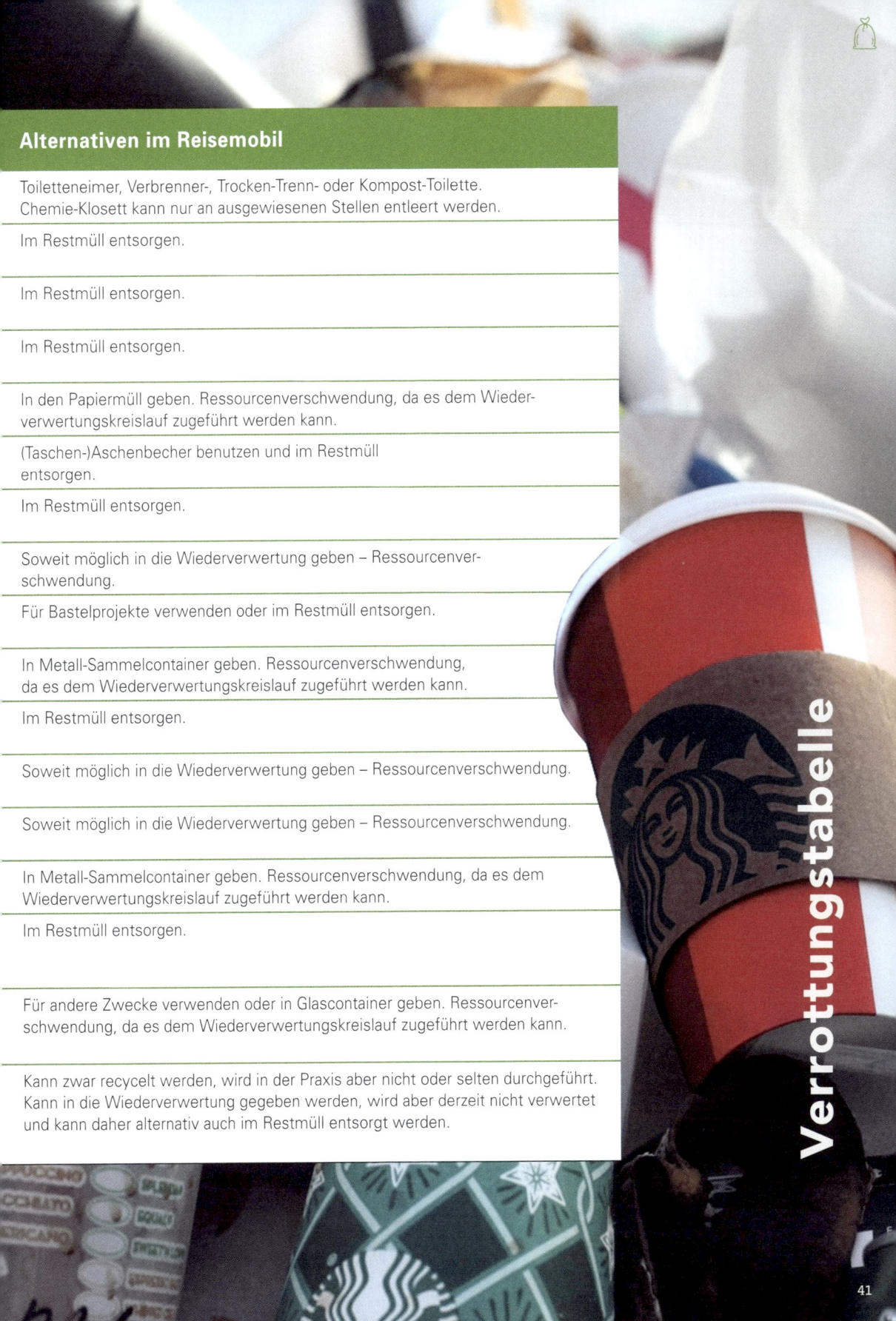

Alternativen im Reisemobil

Toiletteneimer, Verbrenner-, Trocken-Trenn- oder Kompost-Toilette. Chemie-Klosett kann nur an ausgewiesenen Stellen entleert werden.

Im Restmüll entsorgen.

Im Restmüll entsorgen.

Im Restmüll entsorgen.

In den Papiermüll geben. Ressourcenverschwendung, da es dem Wiederverwertungskreislauf zugeführt werden kann.

(Taschen-)Aschenbecher benutzen und im Restmüll entsorgen.

Im Restmüll entsorgen.

Soweit möglich in die Wiederverwertung geben – Ressourcenverschwendung.

Für Bastelprojekte verwenden oder im Restmüll entsorgen.

In Metall-Sammelcontainer geben. Ressourcenverschwendung, da es dem Wiederverwertungskreislauf zugeführt werden kann.

Im Restmüll entsorgen.

Soweit möglich in die Wiederverwertung geben – Ressourcenverschwendung.

Soweit möglich in die Wiederverwertung geben – Ressourcenverschwendung.

In Metall-Sammelcontainer geben. Ressourcenverschwendung, da es dem Wiederverwertungskreislauf zugeführt werden kann.

Im Restmüll entsorgen.

Für andere Zwecke verwenden oder in Glascontainer geben. Ressourcenverschwendung, da es dem Wiederverwertungskreislauf zugeführt werden kann.

Kann zwar recycelt werden, wird in der Praxis aber nicht oder selten durchgeführt. Kann in die Wiederverwertung gegeben werden, wird aber derzeit nicht verwertet und kann daher alternativ auch im Restmüll entsorgt werden.

Verrottungstabelle

„Pro Kopf produzieren wir in Deutschland privat jährlich rund 108 Kilo Verpackungsmüll.“

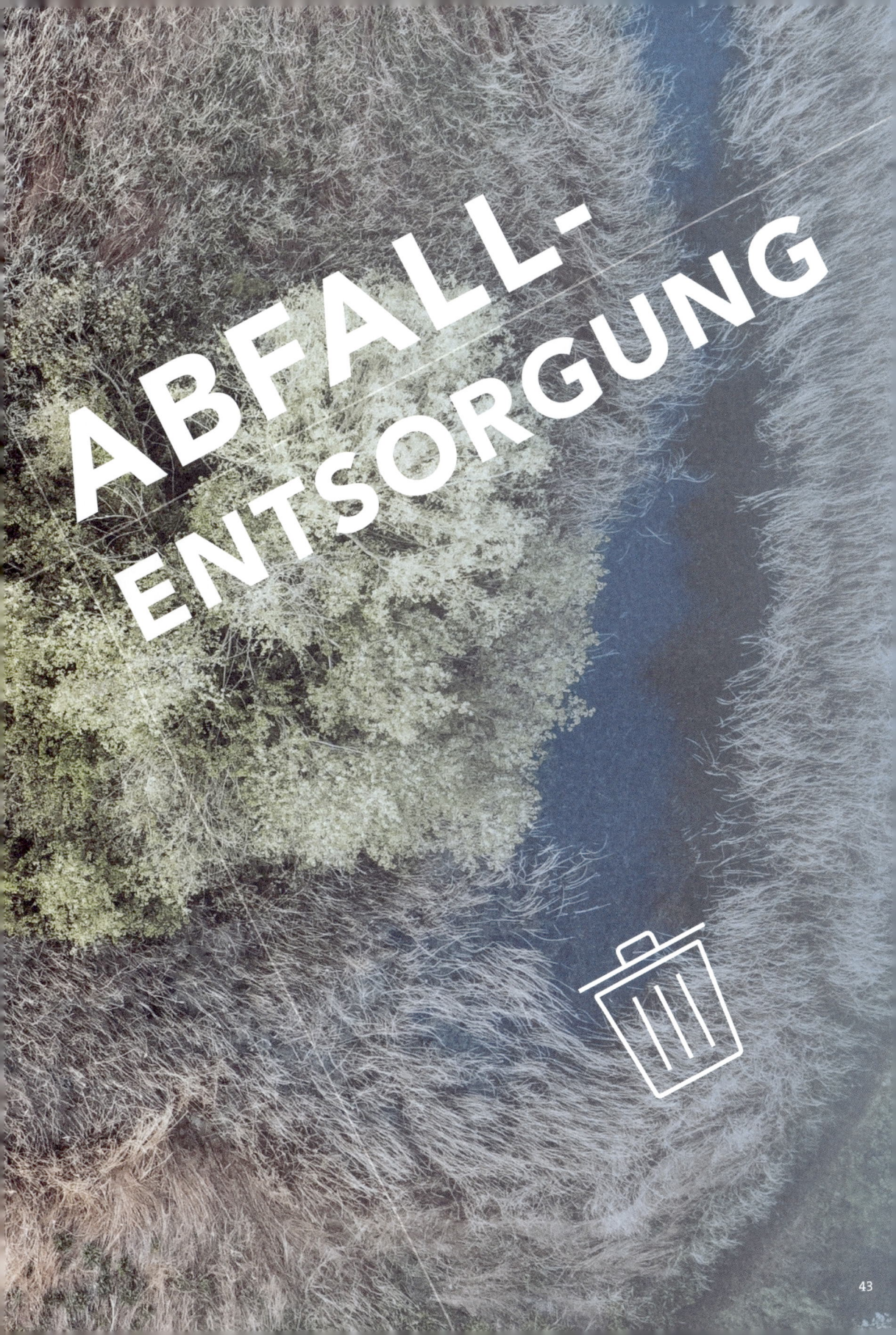

ABFALL-ENTSORGUNG

Private Verbraucher hatten in 2018 einen Anteil von 47 Prozent am Müllaufkommen in Deutschland und produzierten über 8,9 Millionen Tonnen Verpackungsmüll. Pro Kopf sind das 107,7 Kilo. Damit warfen sie ein Prozent mehr Abfall weg als noch im Jahr davor und sage und schreibe 20,6 Prozent mehr als 2010. Mit den Corona-Maßnahmen in 2020 dürfte das Müllaufkommen noch einmal angestiegen sein, da man zum Beispiel seine Wurst beim Metzger nicht mehr in mitgebrachte Behältnisse verpacken lassen kann und mehr online bestellt wird.

Damit wird leider auch die Forderung von Prof. Dr. Dirk Messner, der seit 1. Januar 2020 Präsident des Umweltbundesamts ist, schwieriger. Er forderte ein Umdenken hin zur Müllvermeidung. So sollten Mehrwegbecher für Kaffee die Regel werden und auch wer Essen mitnehme, solle das in Mehrwegbehältern tun. Hoffen wir also, dass wir die derzeit herrschende Pandemie bald überwunden haben, damit wir in Zukunft nicht nur wieder die Maske weglassen, Freunde und Verwandte treffen und ungehindert reisen, sondern auch daran arbeiten können weniger Müll zu produzieren.

Immerhin, 2018 wurden den Angaben zufolge 69 Prozent des Verpackungsabfalls dem Recycling zugeführt. Das betraf allerdings vor allem Stahl, Aluminium und Papier. Bei Kunststoffen lag die Recyclingquote bei 47, bei Holz nur bei 25 Prozent und damit deutlich niedriger. Es gibt also noch »Luft nach oben«, wie man so schön sagt. Doch was lässt sich im Wohnmobil – abgesehen von der Müllvermeidung – machen, damit möglichst viele Abfälle wieder dem Produktionskreislauf zugeführt werden?

Sammelt man organische Abfälle getrennt, kann der Rest auch in einem Stoffbeutel oder einer Tasche aufbewahrt werden. Getrennt wird dann an der Entsorgungsstation.

Der Dabucket-Eimer von Nakata-nenga verfügt über verschiedene Möglichkeiten ihn aufzuhängen oder zu befestigen. Er eignet sich außerdem nicht nur als Müll-behälter.

Denn wie wir schon festgestellt haben: Der Platz im rollenden Heim ist begrenzt.

Weiter oben habe ich über den Kodex der Bergsteiger, Kletterer und Wanderer geschrieben: Was man mit in die Natur nimmt, nimmt man auch wieder mit hinaus. Im Prinzip ist es auch ganz einfach. Dinge, die auf dem Weg in die Berge im Rucksack Platz haben, haben auf dem Weg hinaus erst recht Platz, denn der Inhalt wird ja (in der Regel) im Magen weitertransportiert. Nimmt man es genau, ist ein Reisemobil ja nichts anderes als ein großer

Nachts sollte man die Mülltüte nicht außen am Fahrzeug hängen lassen. Der Geruch lockt Tiere an, die Fressbares darin suchen.

Die kleinere Variante des Dabucket
ist ideal für das Fahrerhaus. Hier ist
der Abfall bis zur nächsten Mülltonne
bestens aufgehoben.

Rucksack. Nur eben einer, in dem man auch wohnen, essen und schlafen kann. Verpackungen von Lebensmitteln, die wir in Staufächern und Klappen transportieren bis wir sie benötigen, haben also locker auch Platz, nachdem wir ihren Inhalt aufgegessen oder ausgetrunken haben. So könnte man leere Einweg-Getränkeflaschen zum Beispiel wieder dort aufbewahren, wo man sie gelagert hat als sie noch voll waren. Bei Mehrwegflaschen wird man das schließlich ebenfalls so machen. Papier und Kartonverpackungen lassen sich klein zusammenfalten und so platzsparend lagern. Für Kunststoffe kann eine Tüte verwendet werden, die ebenfalls weggeworfen werden soll. Das kann zum Beispiel eine leere Chipstüte oder ein Plastikbeutel sein, in dem vorher irgendetwas verpackt war. Man kann

sich dafür aber auch einen Stoffmülleimer zulegen, wie den Dabucket-Mehrzweckeimer von Nakatanenga, den es in mehreren Größen gibt. Wird er nicht benötigt, nimmt er nicht viel Platz weg, und auch mit Inhalt lässt er sich gut in eine Ecke knautschen. Solche Stoffbehälter sind auch von anderen Anbietern erhältlich. Alternativ verwendet man einen der unzähligen Jute-statt-Plastik-Beutel, die sich im Laufe der letzten Jahre in diversen Schubladen und Küchenunterschränken angesammelt haben. Jetzt wird vielleicht der eine oder die andere anmerken, dass man diesen Platz ja wieder für Nachschub benötigt. Das stimmt natürlich. Aber wenn man die Möglichkeit hat einkaufen zu gehen, hat man ja in der Regel auch die Möglichkeit zu entsorgen. Und dann ist der Platz wieder frei für den Nachschub.

Abgesehen von den organischen Abfällen, die schnell anfangen zu stinken, kann man aber auch alle Abfälle in einer Tasche, einem Beutel oder Eimer sammeln. Da kaum etwas schmutzig geworden ist – über die Reste in Dosen oder anderen Behältnissen sprechen wir im nächsten Absatz –, kann man dann an der Entsorgungsstation auch problemlos in den Müllbehälter greifen und vor Ort sortieren. So muss man im Auto nicht erst mühsam alles aus verschiedenen Ecken zusammensuchen, sondern hat alles in einem Behälter. Lediglich die organischen Abfälle, wie Obst- und Gemüseschalen oder Essensreste, bewahrt man in einem extra Müllbehälter auf, den man im besten Fall verschließen kann, damit es im Fahrzeug nicht anfängt unangenehm zu riechen und man Fliegen und anderes Ungeziefer fernhält.

Problematisch sind natürlich Verpackungen, in denen sich noch Reste vom Inhalt befinden. Sie verursachen nicht nur Schmutz, sondern fangen irgendwann ebenfalls an zu stinken. Um dem entgegenzuwirken, kann man sie jedoch nach dem Geschirrspülen mit dem – nun nicht mehr ganz sauberen – Spülwasser etwas reinigen. Um damit Dosen, Joghurtbecher oder andere Verpackungen grob zu säubern, reicht es allemal aus. Anschließend kann man sie dann bis zur Entsorgung ebenfalls in einem Beutel aufbewahren oder da lagern, wo man sie auch vorher transportiert hat. Platz wäre ja.
Schwierig wird es mit organischen Abfällen. Auch wenn man zu Hause manches davon auf den Kompost oder in die Biotonne werfen könnte, ist das am Standplatz nicht sinnvoll. Zum einen verrottet nicht alles schnell und zum anderen lockt es Tiere an, die in den Resten nach Fressbarem suchen. Daher ist auch die außen am Fahrzeug aufgehängte Mülltüte keine so gute Idee. Abgesehen davon – und hier sind wir

wieder beim Thema »Wenn es einer macht ...« – sähe das Drumherum der Stellplätze schnell wie ein riesiger Komposthaufen aus, und man selbst sitzt mittendrin. Auch hier gilt es also, einen der aufgestellten Abfallbehälter oder eine Mülltonne zu nutzen.

Ist man jedoch mit dem Allrad-Reisemobil weitab von Zivilisation und öffentlichen Wohnmobil-Stellplätzen entfernt, können organische Abfälle durchaus vergraben werden. Dann aber bitte ein recht gutes Stück vom Lagerplatz weg und in ein möglichst tiefes Loch, das man wieder zuschütten kann. Schalen von Kartoffeln, Zwiebeln oder gar Essensreste locken nämlich Mäuse, Ratten oder auch Füchse und andere Tiere an. Mit ihren feinen Nasen können sie den Abfall auch unter einer Erdschicht riechen und fangen an ihn auszugraben. Das sollte dann wenigstens nicht da sein, wo man selbst oder andere nach einem lagern. Den übrigen, brennbaren Müll, wie Papier und Kunststoff, kann man notfalls, wenn man sich länger weitab der Zivilisation befindet, im

Abfallentsorgung

Lagerfeuer verbrennen – sinnvollerweise jedoch, nachdem man sein Steak oder die Zucchinischeiben auf den Grill legt. Alle anderen Abfälle, wie Glas, Blech und Aluminium, sollte man wieder mit in die Zivilisation nehmen. Tetrapaks lassen sich zwar auch verbrennen, sind jedoch oft mit einer dünnen Schicht Aluminium versehen, das beim Verbrennen gerne in kleine Teile zerfällt. Die nach dem Verbrennen übriggeblieben Folie nimmt man daher am besten sofort aus dem Feuer (sie wird schnell kalt) und steckt sie zum Glas- und Metallabfall, den man wieder mitnimmt, bis man ihn irgendwo vernünftig entsorgen kann.

Ein gewisser Sonderfall sind Zigarettenstummel. Hat man die Kippe geraucht, ist der Rest schnell aus dem Fenster geworfen oder elegant weggeschnickt. Doch auch sie gehören nicht in die Natur, sondern in den Abfall. Daher sollte man, wenn man im Fahrzeug bei der Fahrt raucht, einen Aschenbecher benutzen, den man dann aber nicht einfach irgendwo auf einem Parkplatz ausleert. Ist man zu Fuß in der Natur unterwegs, eignen sich kleine Taschenaschenbecher, um die Kippen darin auszudrücken und aufzubewahren, bis man den Ascher irgendwo in einem Abfalleimer entleeren kann.

Auch Kippen gehören nicht in die Natur. Ein Taschenaschenbecher passt in jede Hosentasche und nimmt nicht mehr Platz weg als das Feuerzeug.

So bitte nicht. Was man mit in die Natur nimmt, nimmt man auch wieder mit hinaus. Papier und Kunststoff könnte man zwar verbrennen, Glas und Metall jedoch nicht.

»Es ist nachhaltiger, die Dinge, die man schon hat, so lange zu nutzen, bis sie komplett verschlissen sind als neue, wenn auch umweltfreundlich produzierte Dinge zu kaufen.«

ALTERNATIVEN ZUR AUF- BEWAHRUNG

Will man sich umweltgerecht verhalten, ist es nicht erforderlich neue Dinge zu kaufen, die vielleicht besonders umweltschonend und mit Öko-Siegel hergestellt oder zumindest als solche beworben wurden. Zwar mag ein Becher aus irgendeinem Naturmaterial umweltfreundlicher sein als ein Becher aus Kunststoff. Das hat allerdings nur Gültigkeit, wenn man ihn kauft, weil man keinen anderen Becher (mehr) hat. Besitzt man genügend (oder wenigstens einen) Becher, den man verwenden kann, dann ist der neu gekaufte Becher, so umweltfreundlich er auch produziert sein mag, Unsinn, wenn man ihn aus Umweltschutzgründen kauft. Denn es ist allemal umweltfreundlicher, die Dinge, die es schon gibt, so lange zu nutzen, bis sie wirklich kaputt oder komplett verschlissen sind. Das gilt auch für Dinge aus Materialien, die mittlerweile als wenig umweltfreundlich gelten. Sie neu zu kaufen macht aus Umweltgesichtspunkten natürlich keinen Sinn. Sind sie schon da und lassen sich noch verwenden, sollte man das solange es geht auch tun. Sie zu entsorgen und durch irgendetwas anderes aus umweltfreundlicherem Material zu ersetzen ist eindeutig der falsche Weg.

Zusätzlich kann man Sachen, die ursprünglich einen anderen Zweck hatten, einer neuen Verwendung zuführen und sie dauerhaft oder wenigsten ein paarmal weiterverwenden, bevor man sie entsorgt. Aber natürlich gibt es auch Alternativen zu manchen Dingen. Gerade wenn es um Einkauf, Transport, Aufbewahrung und Verpackung von Lebensmitteln geht, lässt sich heute vieles umweltfreundlicher machen. Und manches davon ist dabei gar nicht so neu, sondern wurde schon von früheren Generationen verwendet, ist aber im Plastik-, Papiertücher- und Alufolien-Zeitalter teilweise in Vergessenheit geraten.

Marmeladen- und Gurkengläser

Noch vor gar nicht langer Zeit war es undenkbar, dass leere Marmeladen-, Honig- oder Gurkengläser einfach weggeworfen wurden. Nein, denn sie wurden gebraucht, um selbstgemachte Marmelade oder Kompott darin aufzubewahren, Gemüse sauer einzulegen oder andere eingemachte Lebensmittel darin für einen längeren Zeitraum zu lagern. Und selbst die Heimwerker fanden eine Verwendung dafür und hoben ihre sortierten Schrauben und Nägel darin auf. Aber auch Flaschen fanden eine Weiterverwendung, wenn im Herbst Früchte zu Saft verarbeitet wurden. Solche Produkte aus Glas wegzuwerfen verbot sich schon allein aus Kostengründen. Denn: Warum neu kaufen, wenn man es doch quasi umsonst bekam. Manch einer wird sich wohl noch gut an den leicht muffig riechenden Keller der Eltern oder Großeltern erinnern, in dem, fein säuberlich in einem Regal aufgereiht, eine Batterie von verstaubten Gläsern mit kaum noch lesbaren Aufschriften wie »Erdbeer '76« oder »Quitten-Gelee« stand.

Schaue ich mich in meinem Bekanntenkreis um, sind es heute nur noch wenige, die ihr Obst und Gemüse aus dem eigenen Garten zu Marmeladen oder sauer Eingelegtem verarbeiten und dafür über das Jahr einen Vorrat an ausgespülten Gläsern gesammelt haben. Immerhin: Die, die das nicht tun, haben seit vielen Jahren die Möglichkeit, das Glas im Glascontainer zu entsorgen und so dem Recycling zuzuführen. Interessant ist in dem Zusammenhang, dass in der DDR bestimmte Gläser und Flaschen gezielt der Wiederverwertung zugeführt wurden, obwohl sie keinem festen Pfandsystem zugeordnet waren. Geregelt wurde das vom VEB Kombinat Sekundär-Rohstofferfassung, kurz SERO.

Sicher kann man nicht jedes Glas aufheben und weiterverwenden. Manche lassen
sich jedoch prima für Zucker, Salz oder andere Dinge verwenden.

Flaschen und Gläser bestimmter Formen und
Größen wurden an SERO-Sammelstellen, häufig
in Schulen und von den Jugend-Organisationen
gesammelt, sortiert und ausgespült wieder befüllt.
Glas, das nicht unter die Bezeichnung »ausgewähl-
te Sorten« fiel, wurde wieder eingeschmolzen und
weiterverarbeitet. Um den Anreiz zu steigern, das
Glas und andere Rohstoffe zu sammeln, zahlte
die SERO den Sammlern einen festgelegten An-
kaufpreis. Für Flaschen der ausgewählten Sorten
betrug er 20, für Gläser 30 Pfennig. Alle anderen
Gläser wurden mit fünf Pfennig vergütet. Ein
Anreiz übrigens, der heute (trauriger Weise) nicht
mehr für alle gegeben zu sein scheint, wenn man
Menschen beobachtet, die im Müll und entlang der
Straßen nach Flaschen und Dosen suchen, für die
man 25 Cent bekommt, und die dabei doch einiges
finden.

Mit dem Wegfall der DDR starb jedoch auch dieses
System, da es insgesamt nicht mehr konkurrenzfä-
hig war. Heute verwenden wir entweder Pfand-
flaschen oder sammeln Altglas in Glascontainern.
Doch das eine oder andere Glas können wir gerade

im Wohnmobil vor dem Container »retten« und
zur Aufbewahrung nutzen. Darin lassen sich zum
Beispiel die Nachfüll-Reserven für Zucker, Salz oder
Pfefferkörner aufbewahren. Aber auch Reste vom
Mittag- oder Abendessen kann man gut in ein ehe-
maliges Gurkenglas füllen und im Kühlschrank ein
oder zwei Tage aufbewahren. Sicher, viele Gläser
braucht man dafür nicht, aber auch der kleine Beitrag ist ein Beitrag. Oder wie man so schön sagt:
Kleinvieh macht auch Mist.

Ein Problem stellt in gewissem Maße natürlich
das Material Glas dar. Unsere Erfahrung ist jedoch,
dass man im »normalen« Wohnmobil, mit dem
man auf der Straße unterwegs ist, Glas problemlos zur Aufbewahrung und zum Trinken verwenden
kann. Wein- oder Wassergläser aus Kunststoff haben wir nicht an Bord. Zu Bruch gegangen ist uns
noch nichts. Ist man dagegen mit dem Allrad-Reisemobil unterwegs und befährt mehr oder weniger
bucklige Pisten und verworfene Pfade, kann Glas
zum Problem werden. In diesem Fall ist es eine
eher schlechte Alternative oder sollte sehr gut ge-
polstert verstaut werden.

Silikon-Deckel

Irgendwas bleibt immer über: Joghurt, weil man den 500-Gramm-Becher nicht auf einmal aufisst, Reste vom Kartoffelsalat, die halbe Zwiebel oder die angeschnittene Salatgurke, weil man eben gerade nicht so viel essen konnte oder benötigte. Silikon sei Dank, lässt sich das mittlerweile auch gut ohne Alu- oder Plastikfolie vor dem Verderb schützen.

Zum einen haben sich findige Produktentwickler Deckel aus Silikon ausgedacht, die auf die gängigen Größen von Joghurt- oder Quarkbecher passen und dicht schließen. Sie sind lebensmittelecht, abwaschbar und lassen sich viele Male wiederverwenden. Wir haben zwei solcher Deckel an Bord, die uns immer wieder gute Dienste leisten.

Zum anderen gibt es seit geraumer Zeit sehr dünne und extrem dehnbare Überzieher aus Silikon in verschiedenen Größen. Sie lassen sich über Schüsseln oder Gläser, aber auch über die halbe Zwiebel, den halben Apfel oder die angeschnittene Gurke ziehen und schützen zuverlässig vor Austrocknung oder kleinen und großen Fliegen. Auch davon haben wir einige in unserem Reisemobil.

Seit geraumer Zeit findet man verschiedene Deckel und elastische Überzieher aus Silikon im Handel. Sie ersetzen Alu- und Kunststofffolien.

Benötigte Materialien und Arbeitsmittel

- Stoffreste oder neue Stoffe aus Baumwolle (T-Shirt-Stoff ist ungeeignet), Größe nach Bedarf
- Bienenwachs-Pastillen (kein anderes Wachs)
- Speiseöl (Sonnenblumen- oder ein anderes möglichst geschmacksneutrales Öl, keine Aromaöle)
- Backpapier
- Schere
- Backblech & Backofen
- Bügeleisen
- Bügelbrett (nicht unbedingt)

Wachstuch

Aluminium- und Frischhaltefolien aus Kunststoff sind aus unserem Alltag kaum wegzudenken. Man findet die Rollen in nahezu jeder Küchenschublade oder an praktischen Kombi-Haltern, die sich vor allem die kunststoffverarbeitende Industrie ausgedacht hat. Und natürlich sind sie auch unterwegs dabei. Irgendetwas, was man schnell einpacken oder abdecken muss, findet sich immer. Eine Schüssel, das Brot für die Pause bei der Wanderung um den See oder ein Stück Käse, das man im Kühlschrank aufbewahren will.

Zugegeben, der Griff zur Folienrolle ist schon eine tolle Sache. Eyin Stück abrollen, abtrennen und schon ist verpackt, was auch immer verpackt werden soll. Alles ganz einfach und schnell – aber eben nicht unbedingt umweltfreundlich. Der Pro-

Kopf-Verbrauch von Aluminiumverpackungen soll hierzulande bei knapp drei Kilogramm pro Jahr liegen. Das klingt erst mal gar nicht nach so viel. Rechnet man das jedoch hoch, heißt das, dass eine Million Menschen knapp 3000 Tonnen Aluminium pro Jahr allein für Verpackungen verbrauchen. Der Strombedarf für die Herstellung einer Tonne Aluminium beträgt im Schnitt 15 Megawatt-Stunden. Man geht davon aus, dass das in etwa der Menge entspricht, die ein Zwei-Personen-Haushalt in fünf Jahren benötigt. Ziemlich viel Energie also, die man anderweitig sicher sinnvoller einsetzen kann, denn für die meisten Alufolien gilt: Nach einmaligem Gebrauch wandern sie in der Regel in den Müll. Gibt man sie ins Recycling, macht es die Sache nur unwesentlich besser. Zwar verschlingt der Recycling-Prozess von Alu nicht ganz so viel Energie wie die Aluminium-

gewinnung aus dem Rohstoff Bauxit, verbraucht aber immer noch eine nicht zu vernachlässigende Menge an Energie, zumal der Sortierprozess der Abfälle hinzukommt. Reine Alu-Sammelstellen sind leider selten.

Die gleiche Rechnung für Kunststoff-Folien sieht ähnlich ernüchternd aus. Hinzu kommt das Problem, dass Kunststoffe im großen Maßstab immer noch nicht wirklich problemlos und sinnvoll recycelt werden können. Und was auf Müllkippen oder in der Umwelt landet, braucht verdammt lange um zu verrotten (siehe Seite 40).

Eine gute Alternative zu Alu- und Frischhaltefolie sind mit Bienenwachs getränkte Baumwolltücher. Sie schützen die meisten Lebensmittel ebenso und lassen sich viele Male wiederverwenden. Mittlerweile sind sie immer öfter zu finden. Man kann sie als einzelne Tücher in verschiedenen Größen oder als Meterware auf der Rolle fertig kaufen. Oder man kann sie selber herstellen. Was man dafür benötigt und wie es geht, zeigt unsere Schritt-für-Schritt-Anleitung.

Alternativen zur Aufbewahrung

Der Baumwollstoff wird auf das gewünschte Maß geschnitten und auf ein mit Backpapier ausgelegtes Backblech gelegt. Anschließend werden einige Tropfen Öl auf den Stoff gegeben. Die Verwendung einer Sprühflasche, wie hier, ist dabei nicht notwendig. Alternativ kann man vorab auch das Backpapier mit etwas Öl einpinseln.

Nun werden die Bienenwachs-Pastillen auf dem Stoff verteilt. Es können etwas weniger als auf dem Bild sein. Nimmt man zu viel, bleibt das überschüssige Wachs am Ende auf dem Stoff. …

Unmittelbar nachdem man das Blech aus dem Ofen geholt hat, werden die Tücher heruntergenommen, da das Wachs relativ schnell wieder fest wird, und die Tücher sonst am Backpapier kleben bleiben.

Nachdem man die Tücher vom Blech genommen hat, lässt man das Wachs kurz fest werden. Anschließend wird Tuch für Tuch zwischen zwei Backpapier-Blätter gelegt. Das Bügeln sorgt dafür, dass sich das Wachs gleichmäßig auf dem ganzen Tuch verteilt.

Ein Beutel mit 200 Gramm Wachsperlen reicht für mehrere Tücher aus. Für die Tücher auf dem Foto wurde etwas mehr als die Hälfte des Beutels verwendet.

3 ... Verteilt man jedoch zu wenig Pastillen, wird der Stoff nicht stark genug getränkt und lässt sich im fertigen Zustand nicht formen. Hat man alles verteilt, kommt das Blech in den Ofen, der nicht vorgeheizt sein muss.

4 Die Temperatur wird auf 70 Grad eingestellt. Nach etwa zehn Minuten sind die Wachsperlen geschmolzen und das Wachs in den Stoff eingedrungen.

7 Hat man zu viele Wachsperlen verwendet, bleibt Wachs auf dem Stoff. In diesem Fall legt man das getränkte Wachstuch zwischen zwei Stoffreste und bügelt nochmal drüber, um das überschüssige Wachs aufzusaugen.

Tipps zur Verwendung von Wachstüchern

- Wachstücher nicht der prallen Sonne oder sonstigen Wärmequellen aussetzen, da sonst das Wachs schmilzt.
- Zum Reinigen das Tuch mit kaltem oder maximal lauwarmem Wasser abspülen und eventuell mit einem Lappen abwischen.
- Wachstücher nicht für Fisch oder Fleisch verwenden.
- Für Zwiebeln oder Knoblauch ein separates Wachstuch verwenden, da sich der Zwiebelgeruch auf Dauer im Tuch festsetzen kann.
- Brot nicht mehrere Tage im Wachstuch aufbewahren, ohne es zwischendurch auszupacken, da sich sonst Schimmel bilden kann.
- In Wachstüchern verpackte Lebensmittel können im Kühlschrank oder im Tiefkühler aufbewahrt werden.

9 Um zum Beispiel einen Becher oder ein Glas abzudecken, wird das Wachstuch leicht mit den Händen erwärmt und die Ränder um den Becherrand gedrückt. Durch die Handwärme wird das Tuch weich und lässt sich gut andrücken. Anschließend sitzt es fest.

„Der überwiegende Anteil des im Haushalt genutzten Trinkwassers wird für Reinigung, Körperpflege und Toilettenspülung verwendet. Nur geringe Anteile nutzen wir tatsächlich zum Trinken und für die Lebensmittelzubereitung."

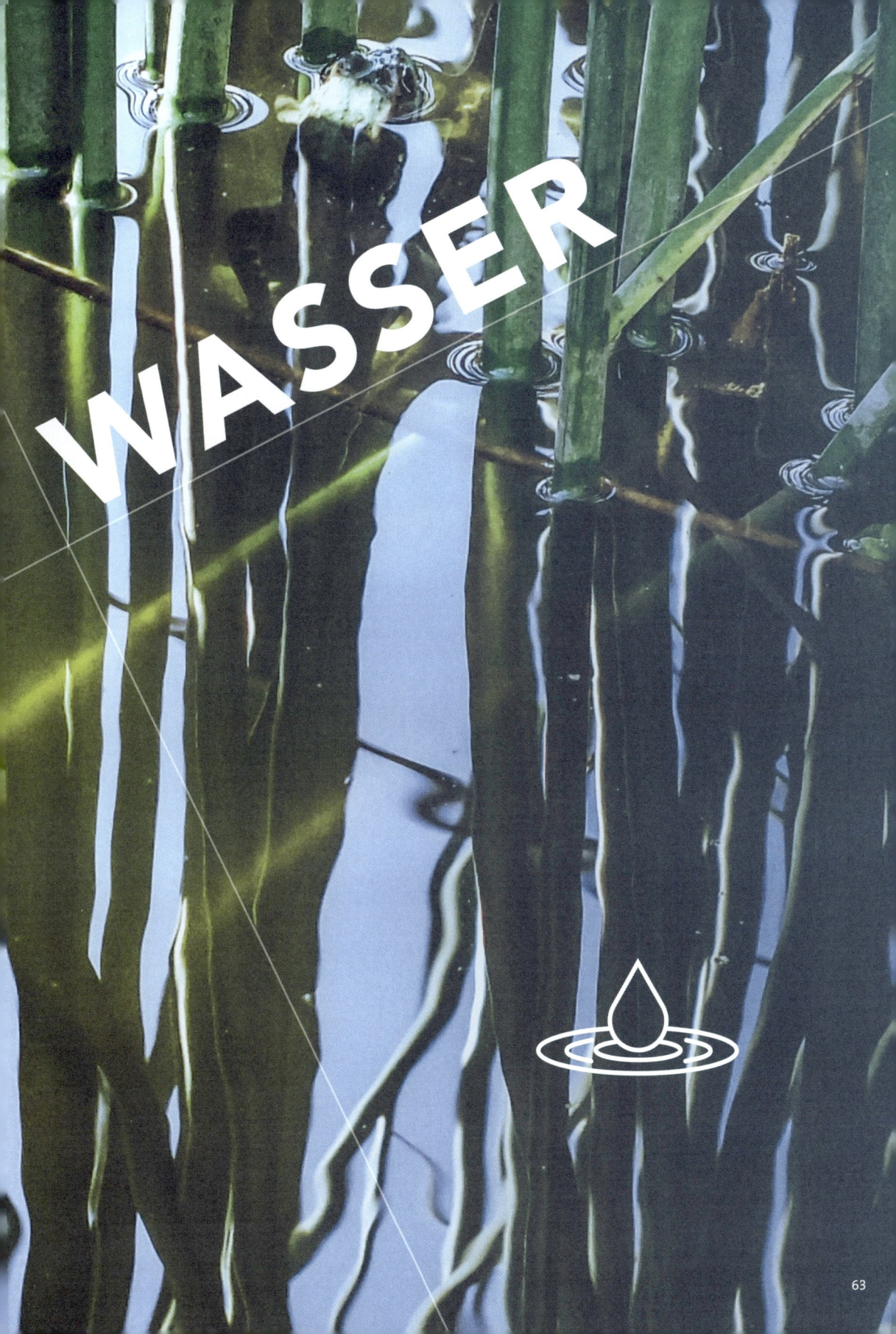

WASSER

Dass wir Wasser brauchen um zu überleben, wissen wir. Ohne geht es nicht. Die Statistik weist für Deutschland für die letzten 20 Jahre einen Pro-Kopf-Verbrauch zwischen 120 und 130 Liter pro Tag aus. Schauen wir uns die Grafik dazu an, stellen wir fest, dass der Großteil davon auf die Körperpflege und die Toilettenspülung entfallen. Gerade für letzteres sollte in meinen Augen eine bessere Lösung gefunden werden, da es geradezu verantwortungslos erscheint, kostbares Trinkwasser einfach im Klo herunterzuspülen. Hierfür Brauch- oder ungereinigtes Regenwasser aus einer Zisterne zu verwenden, wäre einer der sicher sinnvolleren Wege. Im Wohnmobil können wir das glücklicherweise anders lösen, wie ich im Kapitel Toilette erläutere.

120 oder 130 Liter Wasser sind eine Menge, die in manchen Wohnmobilen schon die Kapazität der Wassertanks übersteigt. Zwar haben viele Overlander Tanks mit 200, 300 oder mehr Litern Fassungsvermögen in ihre Allrad-Reisemobile eingebaut. Das soll in der Regel aber eher dazu dienen, für längere Zeit autark zu sein. Klar ist: Wer im Wohnmobil unterwegs ist, verbraucht pro Tag weitaus weniger Wasser. Aber auch unterwegs geht das meiste für Körperpflege und Abwasch durch den Abfluss und gegebenenfalls in die Toilette. Der Bedarf für Essen und Trinken ist hier ebenfalls eher gering.

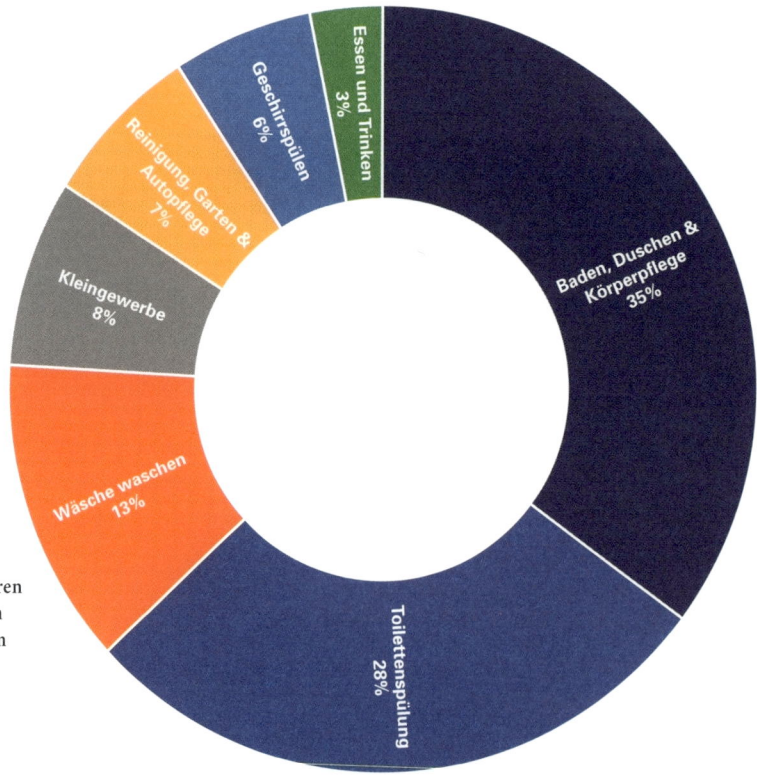

**Privater Wasserverbrauch pro Kopf in Deutschland
ungefährer Durchschnitt 2018 – 2020**

Essen und Trinken 3%
Geschirrspülen 6%
Reinigung, Garten & Autopflege 7%
Kleingewerbe 8%
Wäsche waschen 13%
Baden, Duschen & Körperpflege 35%
Toilettenspülung 28%

Der Pro-Kopf-Verbrauch an Wasser lag in den letzten 20 Jahren im Schnitt bei 120 bis 130 Litern pro Tag. Eine Menge, die man im Wohnmobil oft nicht einmal im Tank hat.

Eine Faustregel besagt, dass man bei heißen Temperaturen etwa acht bis zehn Liter Wasser pro Person benötigt, sofern man eher sparsam damit umgeht. Duschen ist daher in diese Faustregel nicht mit eingerechnet. Denn selbst wenn der Duschvorgang nur kurz dauert, laufen schnell 15 bis 20 oder mehr Liter durch den Brausekopf. Aber auch beim Zähneputzen laufen ein paar Liter aus dem Hahn. Vor allem, wenn man es gewohnt ist, ihn während dem Zähneputzen einfach laufen zu lassen. Wieviel Wasser man beim Geschirrspülen benötigt, wird schnell klar, wenn man das Waschbecken oder die Waschschüssel volllaufen lässt. Wer mit klarem Wasser nachspült, benötigt noch einmal mehr.

Wasser für eine Solardusche muss kein Trinkwasser sein. Man kann es auch aus einem Bach oder See zapfen.

Wie aber kann man im Wohnmobil Wasser einsparen, ohne gleichzeitig auf ein Mindestmaß an Hygiene zu verzichten? Denn bei allem Einsparwillen: Die Körperpflege sollte man nicht vernachlässigen. Hier ein paar Tipps und Vorschläge:

- Beim Zähneputzen den guten alten Zahnputzbecher verwenden und den Wasserhahn währenddessen abstellen. So lässt sich die benötigte Menge gut dosieren. Der Wasserhahn wird dann nur zum Abspülen von Zahnbürste, Becher und Mund wieder aufgedreht.
- Beim Waschen und Duschen einen Schwamm verwenden. Nachdem man ihn nass gemacht hat, werden Wasserhahn oder Dusche abgedreht. Für die Dusche sind auch Duschköpfe mit einer Stopp-Funktion erhältlich. Dabei kann der Hahn oder Mischhebel offenbleiben und man stoppt das fließende Wasser direkt am Duschkopf. Mit dem Schwamm, auf den etwas Seife oder Duschgel gegeben wird, kann man sich nun waschen, ohne dass das Wasser dabei laufen muss. Ist man fertig, spült man sich unter der Dusche kurz ab. Wäscht man sich am Waschbecken, spült man den Schwamm aus und wischt sich mit dem nassen Schwamm die Seifenreste vom Körper. Das funktioniert sehr gut, und man wird dabei ebenso sauber wie unter einer Dusche, die man fünf Minuten laufen lässt.
- Steht man im Sommer an einem Bach oder See, kann man außerhalb des Fahrzeugs eine sogenannte Solardusche oder einen Wassersack mit Brauseschlauch verwenden um sich abzuduschen. Den Sack oder die Solardusche füllt man einfach am Bach oder See auf. Für das Duschen braucht das Wasser keine Trinkwasserqualität zu haben. Der Sack oder die Dusche werden einfach für eine Weile in die Sonne gehängt oder gestellt. Dadurch wird das Wasser erwärmt. Aber Vorsicht: Nach einigen Stunden in der Sonne kann das Wasser ziemlich heiß sein und man kann sich daran verbrühen.
- Eine weitere Möglichkeit für eine Außendusche, die nicht mit Trinkwasser aufgefüllt

werden muss, ist ein flacher Tank oder ein Rohr, das man auf dem Fahrzeugdach anbringt. Auch hier erwärmt die Sonne das Wasser. Geduscht wird dann über einen angeschlossenen Brauseschlauch.

- Das Geschirr vor dem Abspülen so gut wie möglich säubern. Wir nutzen dafür eine Papierserviette oder ein Papier-Küchentuch, das wir beim Essen als Serviette verwenden. Über das Thema Papierserviette könnte man an der Stelle natürlich diskutieren, und es ist klar, dass das nicht die umweltfreundlichste Lösung ist. Da bei uns aber auch im Wohnmobil eine Serviette zum gedeckten Esstisch gehört, nutzen wir sie wenigstens zweifach und wischen nach dem Essen Teller und Besteck damit ab. Das spart beim Abwasch dann wenigstens Wasser und relativiert den Faktor der Umweltunverträglichkeit ein wenig. Eine andere, und bei leckeren Saucen schmackhafte Variante, ist aber auch das Ablecken des Tellers, auch wenn dem guten Knigge das so gar nicht gefallen dürfte.

- Hat man Wasser im Teekessel oder vom Eierkochen übrig, dies nicht einfach wegschütten, sondern zum Aus- oder Abspülen verwenden.

- Zum Abwischen von Oberflächen oder Boden kein Trinkwasser aus dem Tank verwenden, wenn auf andere Quellen, wie zum Beispiel Bäche oder Seen, zurückgegriffen werden kann. Ein Eimer oder ein platzsparender Falteimer sollten daher in keinem Wohnmobil fehlen. Alternativ lässt sich das Wasser aber auch in einer Spülschüssel (ebenfalls faltbar erhältlich) transportieren.

- Sofern das Wohnmobil über eine Toilette mit Wasserspülung verfügt, kann man überlegen, auf eine Trockentrenn- oder Kompost-Toilette umzubauen, die dann ohne Wasserspülung funktioniert. Infos dazu finden sich im Kapitel Toilette.

„Von den weltweiten Wasserreserven sind nur knapp 3 % Süßwasser."

TRINK-
WASSER

Will man das Wasser aus dem Tank auch trinken, sollte man sicher sein, dass es frei von Keimen, Viren oder anderen Verunreinigungen ist. Bunkert man sein Wasser ausschließlich aus Wasserhähnen der öffentlichen Wasserversorgung, ist es in der Regel bedenkenlos einige Tage lang trinkbar, ohne dass man es behandeln muss. Steht das Wasser länger im Tank, können Silbernitrat oder Chlor vor Nachverkeimung schützen. Die praktikabelste Lösung sind Silberionen (zum Beispiel Micropur classic oder Certisil argento). Sie benötigen allerdings eine gewisse Einwirkzeit, um desinfizierend zu wirken. Als Alternative kommen Chlorverbindungen (zum Beispiel Certisil combina oder Micropur forte) in Frage. Diese Methode wird weltweit in fast allen Wasserwerken praktiziert. Auch hier ist eine längere Einwirkzeit zu beachten. Chlor führt allerdings ab einer gewissen Menge zu starker geschmacklicher Beeinträchtigung, die jedoch durch einen Aktivkohlefilter gemindert werden kann. Die bessere, aber kurzfristig auch teurere Lösung ist ein Keramikfilter. Hier gibt es fest eingebaute Systeme oder portable Wasserfilter, die auch an den Wasserhahn angeschlossen werden können.

Alternativ kann man sein Trinkwasser natürlich auch in ganz normalen Wasserflaschen im Supermarkt kaufen. Hierbei sind Glasflaschen die eindeutig umweltfreundlichere Wahl. Selbst wenn sie nicht, wie in Deutschland, in einem Pfandsystem eingebunden sind, lassen sie sich öfter wieder einschmelzen und wiederverwerten als Flaschen aus Kunststoff. Dazu müssen sie aber entsprechend separat gesammelt und in die Wiederverwertung gegeben werden. Im Ausland kennt man Pfandsysteme jedoch meist nicht. Auch die Flaschen und Dosen, für die man bei uns 25 Cent Pfand bezahlt,

und die der Wiederverwertung zugeführt werden, werden dort in den Müll geworfen.

Wer das vermeiden und trotzdem Sprudelwasser oder mit Kohlensäure versetzte Limonaden trinken will, kann über die Anschaffung eines Wassersprudlers nachdenken. Für das Reisefahrzeug sollte man sich jedoch für ein Gerät mit manueller Bedienung entscheiden, sonst benötigt man wieder Strom. Sowohl die Stiftung Warentest als auch die Redaktion Vergleich.org haben verschiedene Wassersprudler getestet. Hier kann man sich vor dem Kauf über Vor- und Nachteile der Geräte informieren. Da Sirup für den Geschmack erst nach dem Sprudeln zugegeben wird, sind die Geräte auch geeignet, um damit Limonaden herzustellen. Eventuell sollte man sich aber erkundigen, ob man die CO_2-Zylinder auch im Ausland bekommt oder gleich Ersatz mitnehmen.

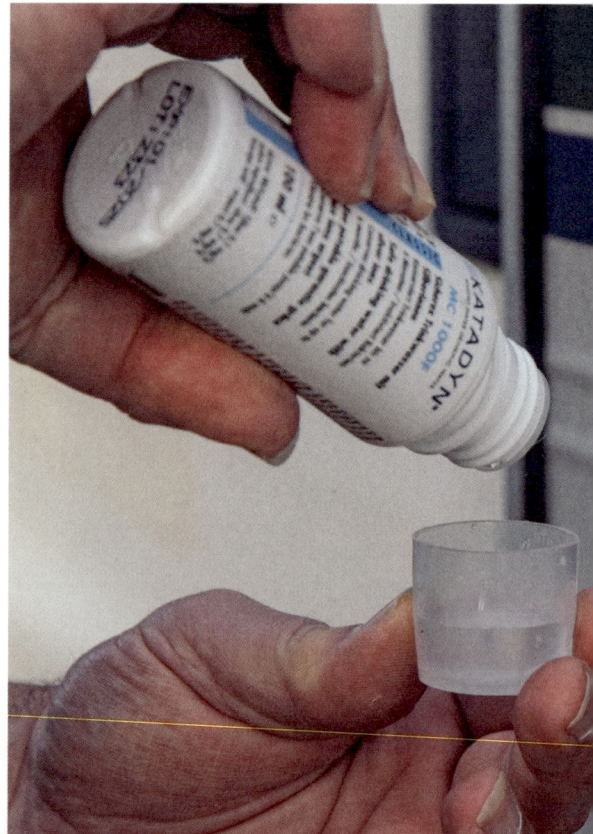

Mit den Keramik-Filtern von Famous Water lassen sich
Bakterien und Keime wirksam aus dem Wasser filtern.
Das funktioniert auch mit Wasser aus Seen und Flüssen.

Die weißen Standardgehäuse (Bild
links) verwendet Famous Water seit
2018 nicht mehr. Die neuen, blauen
Gehäuse sind eine Eigenentwicklung.
Das Material ist stabiler und das Ge-
winde für den Keramikfilter besteht
aus Edelstahl und nicht mehr aus
Kunststoff.

Zum Entkeimen von Wasser
können auch Zusätze wie
Micropur verwendet werden.
Sie benötigen aber eine Einwirkzeit.

»Ist man in Ländern unterwegs, in denen es wenige oder keine Kläranlagen gibt, sollte man besonders konsequent auf biologisch abbaubare Reinigungsmittel setzen.«

HYGIENE & PUTZMITTEL

Man findet ihn auf Tassen, T-Shirts oder Postkarten, und selbst der Spiegel hat im Zusammenhang mit der Frage »Was macht das Campen so attraktiv« einen Kurzfilm mit jenem Bonmot als Überschrift veröffentlicht, das da lautet: »Camping ist der Zustand, in dem der Mensch seine eigene Verwahrlosung als Erholung empfindet.«

Nun gut, zugegeben: Den kompletten Tag in der Jogginghose oder der Badeshorts zu verbringen und morgens nicht zwingend duschen zu müssen, um sich anschließend ins Büro-Outfit zu zwängen, hat seinen Reiz. Auch das Wäschewaschen kann seltener stattfinden, da man die Klamotten einfach auch mal mehrere Tage tragen kann. Sieht ja (quasi) keiner. Unangenehm wird es jedoch, wenn man es dann riechen kann – zuerst für andere und irgendwann dann auch für einen selbst. Aber nicht nur Mensch und Kleidung wollen irgendwann gewaschen werden, auch Besteck, Geschirr, Tisch und Küchenarbeitsflächen sind hygienischer, wenn sie nach der Benutzung eine Behandlung mit Lappen und Spül- oder Putzmittel erfahren.

Seife und Haarwaschmttel

Also hat man natürlich Dinge wie Duschgel, Haarshampoo und Seife sowie Wasch-, Spül- und Putzmittel, bei denen man auch zu Hause auf umweltfreundlichere Produkte zurückgreifen könnte. Lässt man sein Grauwasser an ausgewiesenen Entsorgungsstationen ab, läuft es zwar in die Klärwerke. Ist man jedoch gerade mit dem Allrad-Reisemobil weitab der Zivilisation und in Ländern unterwegs, in denen es wenige bis gar keine Kläranlagen gibt, wird es schon schwieriger, den Abwassertank zu leeren, ohne auch die Rückstände von Seifen und Putzmitteln mit in die Umwelt zu entlassen.

Ich erzähle nichts Neues, wenn ich sage, dass man daher besonders hier konsequent auf biologisch abbaubare Reinigungsmittel setzen sollte. Die zu finden gestaltet sich aber nicht unbedingt immer ganz leicht, gerade wenn man im Ausland unterwegs ist und die Übersetzungen mancher Inhaltsstoffe nicht immer kennt. Und wer will schon ständig für jedes Produkt mit dem Wörterbuch hantieren. Daher kann es sinnvoll sein, ausreichenden Vorrat von zu Hause mitzunehmen.

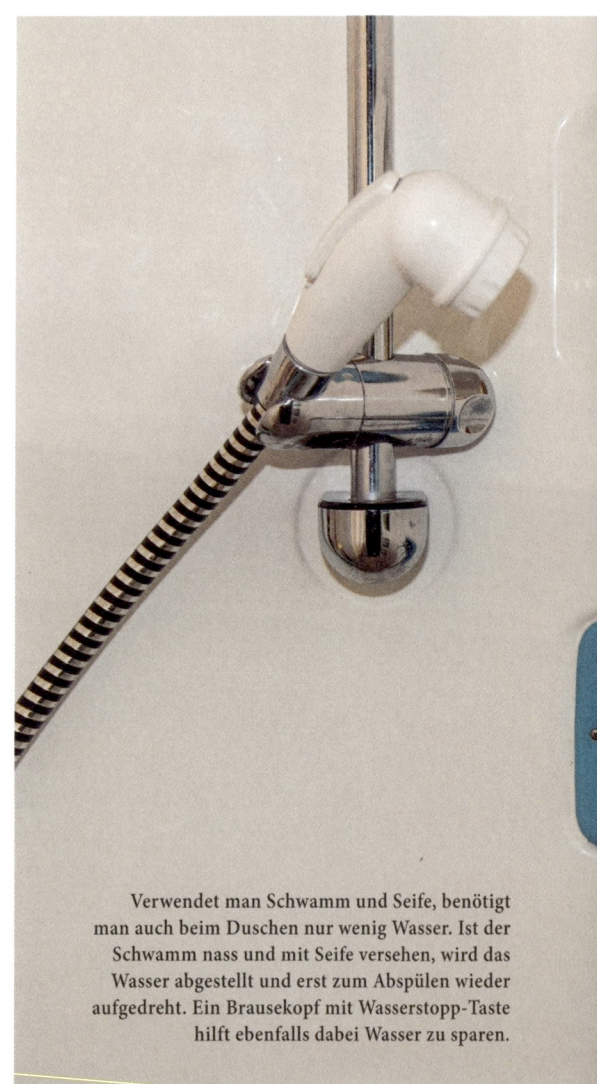

Verwendet man Schwamm und Seife, benötigt man auch beim Duschen nur wenig Wasser. Ist der Schwamm nass und mit Seife versehen, wird das Wasser abgestellt und erst zum Abspülen wieder aufgedreht. Ein Brausekopf mit Wasserstopp-Taste hilft ebenfalls dabei Wasser zu sparen.

Lieber Leser,

vielen Dank für Ihre Antwort.
Nur durch Ihre Anregungen und Ihre
Kritik können wir uns ständig verbessern.
Bitte schreiben Sie uns doch auf dieser
Antwortkarte, wie Ihnen das Buch gefallen hat.

Autor und Titel des Buches:

Meine Meinung zu diesem Buch:

☐ sehr gut ☐ gut ☐ weniger gut ☐ nicht so gut

Kommentar:

Vorname

Nachname

Straße

PLZ, Ort

Email-Anschrift (☐ Ja, ich möchte per E-mail über
Neuerscheinungen informiert werden)

Bitte schicken Sie mir **gratis** Ihren Prospekt mit
allen lieferbaren Titeln zum Thema:

☐ **Personenwagen /**
 Nutzfahrzeuge
☐ **Motorrad**
☐ **Eisenbahn /**
 Modelleisenbahn
☐ **Luftfahrt /**
 Raumfahrt
☐ **Militärgeschichte /**
 Waffen
☐ **Aktive Freizeit**

☐ **Pferde / Hunde**
☐ **Katzen**
☐ **Jagd / Angeln**
☐ **Typenkompass**
 Personenwagen /
 Nutzfahrzeuge /
 Motorrad /
 Luftfahrt /
 Zeitgeschichte /
 Maritim / Eisenbahn

Antwortkarte

Paul Pietsch Verlage
Hauptstätter Straße 149
70178 Stuttgart

Und so praktisch die kleinen Fläschchen mancher Hersteller unterwegs auch sein mögen. Manchmal ist es besser, aus einer großen Flasche in eine kleine oder in einen Spender umzufüllen.

Aber für manches geht es auch anders. Zum Duschen und Haare waschen benutze ich seit mehreren Jahren überhaupt keine flüssigen Produkte mehr, sondern verwende eine Seife auf Olivenöl-Basis. Das hatte ursprünglich den Grund, dass vor allem meine Kopfhaut verschiedene Shampoos

nicht mehr vertragen und ständig gejuckt hat. Seit ich die Seife verwende, ist das komplett weg. Aber mit der Zeit habe ich auch festgestellt, dass so ein Stück Seife viel länger hält und man weniger braucht als mit flüssigem Shampoo. Allerdings verträgt auch nicht jeder jede Seife, weil sie immer einen basischen pH-Wert hat. Doch auch hier gibt es Abhilfe. Seit geraumer Zeit sind Haarwaschmittel in Seifenform im Handel erhältlich, die Tenside enthalten, die dem sauren pH-Wert der Haut angepasst sind. Und da gerade wir Männer es ja angeblich einfach mögen, gibt es auch Komplettlösungen, die für Haut und Haar geeignet sind, und das sogar in herb-frischen Duftrichtungen, wie ein Prospekt eines großen Drogeriemarktes wissen lässt. Eine weitere schöne Alternative, wenn man es duftig will, sind zum Beispiel die »Savon de Marseille«, die nach klassischen Rezepten und in den unterschiedlichsten Düften hergestellt werden. Meist findet man sie auf Märkten, aber man kann sie auch in manchen Drogeriemärkten kaufen oder im Internet bestellen.

Ein weiterer Tipp, um gerade beim Duschen wenig Seife oder Duschgel zu benötigen, ist die Verwendung eines Schwamms. Das spart gleichzeitig auch Wasser, denn es reicht den Schwamm nass zu machen, ihn ein paarmal über die Seife zu ziehen und sich damit abzureiben. Anschließend braucht man nur wenig Wasser, um sich abzuspülen. Während man sich einseift, kann das Wasser aus bleiben. Das funktioniert übrigens auch hervorragend, wenn man die Dusche nicht benutzen will und sich am Waschbecken wäscht. Wir haben das über einen gewissen Zeitraum so praktiziert, da es in unserer Pickup-Wohnkabine nach dem Bad-Umbau eine Weile keine Dusche gab. Man seift sich mit dem Schwamm ein, spült ihn aus und wäscht sich mit dem nassen Schwamm ab.

Viele Seifen sind biologisch abbaubar. Kauft man sie auf dem Markt, werden sie zumeist nicht aufwändig verpackt. Auch für die Haare gibt es mittlerweile feste Shampoos in Seifenform.

Und natürlich lässt sich Seife auch relativ einfach selbst herstellen. Nimmt man Kernseife oder gesammelte Seifenreste als Basis, kann man auf die Schutzkleidung, die bei der Seifenherstellung von Grund auf nötig ist, verzichten. Das Selbermachen von Seife ist vor allem für die interessant, die eigene Seifendüfte kreieren wollen. Der Phantasie sind dabei kaum Grenzen gesetzt. Wir haben uns für unser Beispiel für die Duftnote Zitrone-Rosmarin entschieden und die Seife mit Olivenöl angereichert, das bekanntermaßen auch für die Haut gut ist.

In Südfrankreich werden Seifen oft noch traditionell hergestellt. Gerade aus der Provence oder Marseille kommen Seifen mit den unterschiedlichsten Duftnoten. Ob blumig, mit frischen Zitrusnoten oder eher männlich-herb, hier ist für jeden was dabei.

Geschirrspülmittel

Wer es beim Abspülen und Waschen besonders umweltfreundlich will, kann sich aus Efeu, das man das ganze Jahr eigentlich überall findet, sein Spül- und Waschmittel auch einfach selbst herstellen. Das funktioniert übrigens auch mit Rosskastanien, die lassen sich aber eben nur im Herbst sammeln, können aber, wie die unten erwähnten Waschnüsse auch zum Wäschewaschen verwendet werden. Stellt man sein Wasch- und Spülmittel selbst her, ist das ein wenig wie bei selbstgebackenem Brot: man weiß was drin ist, nämlich nur Natur und nichts aus dem Chemielabor. Das Rezept dazu ist einfach: Man sammelt eine Hand-

voll Efeublätter, überbrüht sie mit heißem Wasser (manche lassen sie auch kurz darin kochen) und lässt sie etwa eine halbe Stunde darin ziehen. Anschließend entfernt man die Blätter und kann den Sud als Spülmittel verwenden. Da Efeu sogenannte Saponine enthält, wirkt der Sud reinigend und schäumt auch. Allerdings reichen ein paar Tropfen oder ein Spritzer, wie bei handelsüblichem Geschirrspülmittel, nicht aus. Für eine Spülschüssel voll Geschirr benötigt man daher etwa zwei Tassen voll. Achtung: Da manche Efeu-Arten giftig sind, sollte man das Geschirr nach dem Waschen mit klarem Wasser abspülen. Aber das gilt ja auch bei der Verwendung von herkömmlichem Spülmittel.

Nicht in allen Ländern fließt das Abwasser in eine Kläranlage. Hier ist es umso wichtiger, nur biologisch abbaubare Waschsubstanzen zu verwenden.

Olivenseife mit Zitrone und Rosmarin

Menge für 1 bis 2 Seifen

- 100 g Bio-Kernseife
- 3 EL Wasser
- 3 EL Bio-Olivenöl
- 1 unbehandelte Zitrone
- 1 TL getrockneter Rosmarin
- Alternativ zu Zitrone, Orange oder getrockneten Kräutern können auch Duftöle verwendet werden.

Die Seife fein raspeln und mit dem Wasser in einen Topf geben. Wenn die Seife anfängt sich aufzulösen, das Öl einrühren. Bei mäßiger Hitze unter ständigem Rühren schmelzen lassen, bis eine cremige Masse entstanden ist. Gegebenenfalls Topf zwischendurch vom Herd ziehen, damit nichts anbrennt. Man kann auch etwas mehr Wasser verwenden. Das schadet nicht, die Seife muss dann allerdings länger aushärten.

Tipp: In Rezepten im Internet wird oft empfohlen die Seife im Wasserbad zu schmelzen. Das kann aber bis zu zwei Stunden dauern. Der Energieverbrauch dabei widerspricht ganz klar dem Umweltgedanken. Wir schmelzen die Seife daher direkt im Topf auf der Herdplatte. Dabei muss man allerdings darauf achten, dass die Masse nicht anbrennt und ständig rühren.

Nun den Herd ausschalten, fein gehackten Rosmarin dazugeben und die Schale der abgewaschenen Zitrone direkt in den Topf raspeln. Alles noch einmal gut miteinander vermengen.
Die Masse in eine Form füllen (gut eignet sich etwas aus Silikon oder eine eingefettete Kastenform) und gründlich aushärten lassen.

Eigene Seife lässt sich aus wenigen Zutaten problemlos herstellen. Statt der Kernseife kann man auch gesammelte Seifenreste verwenden.

Zunächst wird die Kernseife mit einer Raspel in feine Flocken gerieben. Praktischerweise reibt man sie direkt in den Topf.

Danach werden Wasser und Öl zugegeben, damit sich die Seife auflöst. Die Masse wird dabei unter ständigem Rühren erhitzt. Anschließend gibt man die Kräuter hinzu ...

... und reibt die Zitronenschale hinein. Was an der Reibe hängenbleibt, klopft man ab oder streicht es vorsichtig herunter.

Die fertige Mischung ist eine klebrig-zähe Masse. Ist sie flüssiger, macht es nichts. Die Seife muss dann nur länger trocknen.

Nun kann man die Seife in ein Gefäß füllen. Dafür eignen sich Silikondosen, Eiswürfelbehälter oder Seifenformen und -model.

ACHTUNG:

Die Seife sollte erst nach 1 bis 2 Wochen verwendet werden, da sie »reifen« muss (der pH-Wert verändert sich). Ohne diesen Prozess kann es zu Hautreizungen kommen.

Tipp:

Ruhig gleich mehrere Seifen herstellen, sie halten sich problemlos. Die Seifenreste kann man dann aufheben und sie wieder zu einer neuen Seife verarbeiten.

Fertig. Nun muss die Seife trocknen. Dafür sollte man sich mindestens zwei Wochen Zeit lassen, da sie nicht nur durchtrocknen, sondern sich auch der pH-Wert verändern muss. Hat man keine geeignete Form für die Seifenmasse, geht es auch ohne. Dieses Stück Seife wurde aus Seifenresten hergestellt, von Hand geformt und der fertige Block in der Mitte geteilt.

Geschirrspülmittel

Um aus Efeu Spülmittel herzustellen, benötigt man lediglich einige Efeublätter und Wasser. Einen Topf hat man dabei, den Messbecher benötigt man nicht unbedingt.

Zunächst werden die Blätter abgespült, damit man später keinen Schmutz oder Verunreinigungen im Spülmittel hat.

Anschließend lässt man den Sud für rund zehn Minuten ziehen. Sechs bis acht Blätter reichen für einen halben bis einen Liter.

Wenn die Flüssigkeit erkaltet ist, gießt man sie durch ein Sieb ab. Die Blätter werden danach entsorgt.

3

Die Blätter werden nun klein gezupft oder geschnitten und mit kochendem Wasser übergossen. Man kann sie aber auch kurz im Wasser auf niedriger Flamme köcheln lassen.

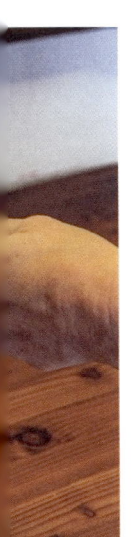

6

Die fertige Spüllösung aus Efeu-Extrakt kann man in einen Spender füllen. Da man fast überall Efeu findet, braucht man sich um Nachschub kaum Sorgen zu machen.

Waschmittel

Eine umweltfreundliche Alternative zum synthetischen Waschmittel sind Waschnüsse. Bei ihnen handelt es sich um die Früchte des Waschnussbaums, der auch
Seifenbaum genannt wird. Auch sie enthalten Saponin. Diese Nüsse werden schon
seit Jahrtausenden zum Waschen verwendet und finden seit einigen Jahren auch in
unserer Industriegesellschaft mehr und mehr Anklang. Zum Waschen werden nur
die getrockneten Schalen der Nüsse verwendet. Dazu füllt man zwischen drei und
sieben Schalenhälften in ein Baumwollsäckchen und gibt sie so mit in die Trommel
der Waschmaschine. Bei Waschtemperaturen bis 40 Grad lassen sich die Nüsse für
zwei oder mehr Waschgänge verwenden. Liegt die Temperatur über 40 Grad, kann
man sie nur einmal benutzen. Die Nüsse geben keine Geruchsstoffe an die Wäsche
ab, haben aber auch keine wasserenthärtende oder textilbleichende Wirkung. Bei
Bedarf können daher zusätzlich Bleichmittel, Wasserenthärter oder Duftstoffe wie
ätherische Öle zugegeben werden. Als umweltfreundliche Alternative zum Wasserenthärter ist es auch möglich, das Waschwasser mit Zitronensäure anzusäuern, da
das Saponin auch in saurer Lösung wirksam ist. Waschnüsse sind von mehreren Anbietern erhältlich und ebenfalls in Drogeriemärkten und im Internet zu bekommen.

Allerdings gibt es auch einige Nachteile beim Waschen mit
Waschnüssen. Vergleichen wir also Vor- und Nachteile:

Vorteile	Nachteile	Lösung
Keine chemischen Zusätze und Bleichmittel	Hartnäckige Flecken lassen sich nur schwer auswaschen	Vorbehandlung mit Gallseife oder Fleckensalz
Für Allergiker geeignet	Weiße Wäsche bekommt nach mehreren Wäschen einen deutlichen Grauschleier	Naturbleichmittel oder alternativ ein Päckchen Backpulver hinzufügen
Farben bei Buntwäsche bleiben länger erhalten	Wäsche riecht neutral.	Einige Tropfen ätherisches Öl, wie z. B. Lavendelöl, hinzufügen
Umweltfreundlicher, da biologisch abbaubar	Bei hartem Wasser kann die Waschmaschine schnell verkalken	Wasserenthärter oder Zitronensäure zusetzen
Kein Weichspüler notwendig		

Der Fairness halber stellen wir dem die Vor- und Nachteile
synthetischer Waschmittel gegenüber:

Vorteile	Nachteile	Lösung
Hartnäckige Flecken lassen sich einfacher entfernen.	Enthält chemische Zusätze und Bleichmittel	Keine
Weiße Wäsche wird vor allem bei Waschmitteln für weiße Wäsche nicht grau.	Für Allergiker nicht geeignet, kann Allergien hervorrufen	Spezielle Waschmittel verwenden
Wäsche duftet je nach Waschmittel nach dem Waschen.	Nicht umweltfreundlich, da kein biologischer Abbau möglich	Keine, bzw. sollte nur über Kläranlagen in die Natur zurückfließen
	Gegebenenfalls werden zusätzlich Weichspüler benötigt	Verzicht auf Weichspüler

Als Fazit kann man daher festhalten, dass es von den Anforderungen, die man an ein Waschmittel hat, abhängt, für was man sich letztlich entscheidet. Muss man oft Wäsche mit vielen Flecken waschen, geht das mit einem synthetischen Waschmittel sicher besser. Allerdings kann der Einsatz von Fleckensalzen oder Gallseife helfen, die Flecken auch umweltfreundlich zu entfernen. Bei Wäsche mit normaler Verschmutzung sind Waschnüsse jedoch eine gute und vor allem umweltfreundliche Alternative. Reagiert man gar auf die Zusätze in den industriell gefertigten Waschmitteln allergisch, erweist man sich und seiner Haut in jedem Fall einen guten Dienst, wenn man beim Waschen umdenkt.

Putzmittel

Abgesehen davon lassen sich Waschnüsse zusätzlich auch als Haushaltsreiniger, Haarshampoo und Duschgel verwenden. Dazu lässt man zehn bis zwölf Schalen für rund zehn Minuten in einem Liter Wasser kochen. Nach dem Abkühlen gießt man den Sud durch einen Kaffee- oder Teefilter oder ein Baumwolltuch. Etwas Duft lässt sich durch die Zugabe von ätherischen Ölen erzielen, die Zugabe von rund 50 Tropfen Teebaumöl pro Liter Extrakt verlängert die Haltbarkeit. Das Teebaumöl hat außerdem eine desinfizierende und keimtötende Wirkung und verleiht dem Extrakt ebenfalls einen frischen Duft.

Der Anteil an waschaktiven Substanzen im Sud lässt sich übrigens erhöhen, wenn man beim Aufkochen ein paar mehr Waschnüsse verwendet. Benutzt man den Extrakt zum Haare waschen, sollte man allerdings darauf achten, dass man nichts in die Augen bekommt, da es dort ein starkes Brennen verursachen kann – aber das kennt man ja auch von Seife und anderen Mitteln.

Stoff-Servietten und Putztücher

Für den einen sind sie völlig unnötig, für den anderen gehören sie zum gedeckten Tisch dazu: die Servietten. Für uns gehören sie dazu. Und ganz klar, die Stoff-Serviette rangiert in Punkto Umweltfreundlichkeit vor der Papier-Serviette.

Ähnlich verhält es sich mit der Allzweckwaffe Küchenpapier, das landläufig unter dem Begriff »Zewa« bekannt ist, auch wenn lange nicht jede Küchenrolle aus der Fabrik des Herstellers Zewa stammt. Diese Papiertücher sind superpraktisch und gerade im Wohnmobil kaum zu ersetzen. Abreißen, Schmutz wegwischen, wegwerfen. Und genau da liegt natürlich auch wieder die Krux. Die Küchenrolle ist ein typisches Produkt unserer Wegwerfgesellschaft und rangiert in der Liste der wenig umweltverträglichen Produkte ähnlich weit oben wie Wegwerf-Kaffeebecher oder Einmal-Plastiktüten für Obst und Gemüse.

Aber auch hier gibt es Alternativen. Neben mehrfach verwendbaren Spültüchern kann man zum Beispiel ausrangierte Bettlaken oder T-Shirts in handliche Stücke reißen und sie als Aufwischtücher verwenden. Sind sie schmutzig, packt man sie mit in die Wäsche, wobei sie gerne bei hohen Temperaturen gewaschen werden dürfen, um Keime und Bakterien abzutöten. Bis zum Gebrauch lassen sie sich gut in einem Spender, wie man ihn von Kosmetiktüchern kennt, oder in einer Dose aufbewahren.

«Zum Glück gibt es mittlerweile umweltfreundliche Lösungen, die noch andere Vorzüge haben.»

TOILETTE

Ob wir wollen oder nicht, irgendwann drückt es, und die vom Verdauungstrakt nicht verwertbaren Stoffe unserer Nahrung wollen den Körper wieder verlassen. Während wir zum Zwecke der »Druckminderung« zu Hause eine Toilette mit Wasserspülung und Anschluss an die Kanalisation aufsuchen, müssen wir uns etwas anderes einfallen lassen, wenn wir im Reisemobil unterwegs sind. Die gängige Lösung war bislang das Chemie-Klo im Wohnmobil, das aber fast immer mit dem Zusatz »das nutzen wir nur im Notfall« klassifiziert wird, wenn die Sprache darauf kommt. Kein Wunder, schon der Geruch der Chemie-Zusätze ist alles andere als angenehm. Außerdem ist der Tank nach spätestens drei Tagen randvoll und seine Entleerung mit Tücken und Düften verbunden, auf die ich hier nicht näher eingehen will. Hinzu kommt die nicht vorhandene Umweltverträglichkeit. Die übelriechende und mit Chemie angereicherte Brühe in der Toiletten-Kassette darf nur in ausgewiesenen Entsorgungsstationen entleert werden.

Zum Glück gibt es mittlerweile umweltfreundliche Alternativen, die noch andere Vorzüge haben. Trocken-Trenntoiletten oder Kompost-Toiletten kommen ohne chemische Zusätze aus (Bild rechts, vorne). Das Prinzip dabei ist einfach: Feste und flüssige Hinterlassenschaften werden getrennt aufgefangen und gesammelt. Damit das auch problemlos möglich ist, verfügen die Toiletten in der Regel über zwei Öffnungen und häufig auch eine Klappe, die eine dieser Öffnungen verschließt. Je nach Modell und Einbau kann der Urintank entnommen und entleert werden. Es ist aber auch möglich, den Urin in einem Tank unter dem Fahrzeug zu sammeln und diesen Tank mit einem Auslass zu versehen. Dann wird er wie der Grauwassertank geleert.

Da der Urin bei der Trocken-Trenntoilette nicht mit Wasser vermischt wird, stinkt er (normalerweise) auch nicht.
Ähnlich verhält es sich bei den festen Exkrementen. Da auch sie nicht mit Wasser vermischt werden, und auch der Urin in einen separaten Tank fließt, können sie schneller abtrocknen und riechen dann ebenfalls nicht mehr. Wird zusätzlich Streu in den Behälter gegeben, trocknet der Kot umso schneller.

Die nächste Stufe ist dann die Kompost-Toilette. Hier wird zunächst ein Kompost-Starter, zum Beispiel eine Kokosfaser-Mischung, in den Feststoffbehälter gegeben. Darüber hinaus sorgt ein Lüfter dafür, dass Feuchtigkeit nach außen transportiert wird. Zusätzlich lassen sich Kot und Fasermischung über eine Kurbel miteinander vermischen. Nach jeder Benutzung Streu oder Substrat einzustreuen, um die Feststoffe zu bedecken, ist nicht erforderlich. Somit gibt es auch keinen sperrigen Substratbeutel, der im Toilettenbereich Platz beansprucht, und eventuelles Verteilen von Streu auf dem Boden entfällt auch.
Ein weiterer Riesenvorteil dieser Toilette ist, dass sie wesentlich seltener entleert werden muss als ein Chemieklo und dabei trotzdem erheblich besser riecht. Öffnet man den Behälter, so erinnert der Duft eher an Walderde als an das, was man vermuten würde. Der größte Vorteil der Trocken-Trenntoiletten aber: sie sind umweltfreundlich. Denn es wird kein wertvolles Trinkwasser, das man obendrein später verunreinigt entsorgt, für die Toilettenspülung benötigt. Dass außerdem der begrenzte Wasservorrat, den man im Reisemobil dabeihat, länger reicht, ist ein angenehmer Nebeneffekt. Man muss nicht mehr so oft nachbunkern und kann auch länger autark stehen.

Nachdem die alte Toilette ausgebaut wurde, muss unter Umständen der Boden angeglichen werden, damit die Kompost-Toilette richtig passt.

Die Öffnung für die Entnahme der Toiletten-Kassette bleibt erhalten, ist nach dem Umbau aber ohne Funktion.

Was aber tun, wenn man ein älteres Fahrzeug besitzt, das mit einer Chemie-Toilette ausgerüstet ist? Mittlerweile haben sich einige Firmen, wie Vascos Campervan & Wohnmobilservice aus Hannover, darauf spezialisiert, die Toiletten in Reisefahrzeugen umzubauen. Das alte Chemieklo kommt raus und eine Trocken-Trenntoilette oder Kompost-Toilette dafür hinein. Da viele Bäder oft aus Kunststoff und zum Teil einem Guss sind, der an die Chemie-Toilette angepasst ist, ist das jedoch nicht immer einfach. Die neue Toilette muss schließlich nicht nur von der Höhe und den Abmessungen passen, nach dem Umbau müssen auch wieder alle Fugen und Übergänge dicht sein, damit kein Wasser hinter die Verkleidungen laufen kann. Für den Umbau auf eine Naturess-Head-Kompost-Toilette zum Beispiel wird ein 12-Volt-Anschluss für den Lüfter benötigt, der aber in der Regel ohnehin schon vorhanden ist.

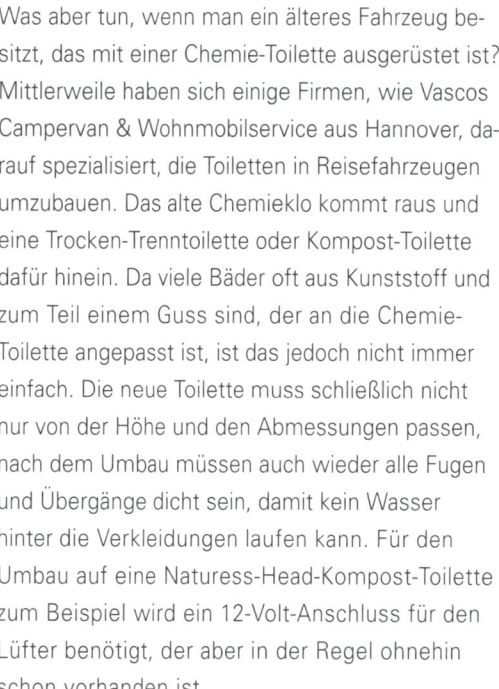

Da der Wasseranschluss für die Chemie-Toilette nicht mehr benötigt wird, bietet es sich an ihn für den Anschluss einer Außendusche zu nutzen. Der Anschluss kann in die nun nicht mehr benötigte Klappe eingebaut werden. Auch die Entlüftung für die Kompost-Toilette kann man hier gut montieren.

Je nach Fahrzeugausbau verbirgt sich unter dem Boden einiges an Technik. Daher muss man beim Umbau darauf achten, dass nichts beschädigt wird und hinterher noch alles noch einwandfrei funktioniert. Rechts der fast fertige Umbau mit der Halterung für die Toilette, den Stromanschluss für den Lüfter und dem Entlüftungsschlauch nach außen.

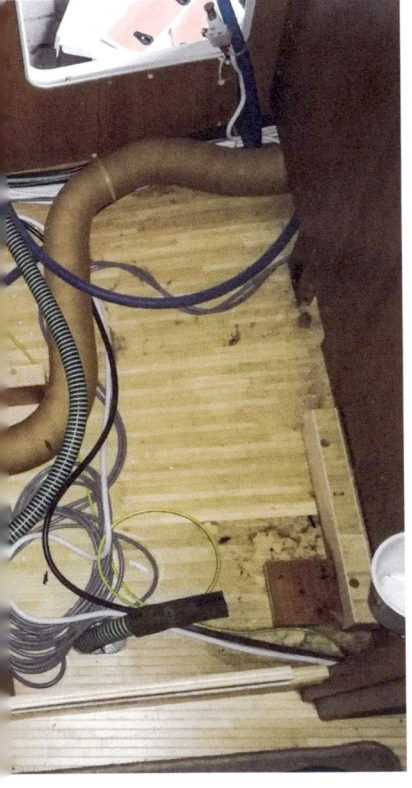

Nach dem Umbau wirkt das Bad zwar nicht mehr unbedingt
wie aus einem Guss, aber im Wohnmobil aufs Klo zu gehen ist
keine Notlösung mehr und obendrein umweltfreundlicher.

Außerdem muss ein Loch in die Außenwand gebohrt werden, damit der Abluftschlauch die Feuchtigkeit nach außen leiten kann. Statt in die Fahrzeugwand, könnte man den Durchgang auch in der Klappe für die Toiletten-Kassette anbringen, da beides nicht mehr benötigt wird. Hier kann man auch gleich den Wasseranschluss der Chemie-Toilette sinnvoll weiterverwenden und einen Außenanschluss für einen Schlauch montieren. So hat man dann auch draußen fließendes Wasser zum Abspülen oder Kochen.

Als Rückmeldung zu meinem Ausrüstungsratgeber »Off the Road«, in dem ich die Kompost-Trenntoilette ebenfalls schon vorgestellt hatte, habe ich ein paar Leserzuschriften erhalten. Sie bemängelten in ihren Schreiben, dass ich nicht auf die Möglichkeit eingegangen bin, die Chemie-Toilette auch ohne Chemie nutzen zu können. Mit SOG-Entlüftung würde da ebenfalls nichts riechen. Das mag so richtig sein, ich habe damit keine Erfahrungen. Was mich an dieser Lösung ein wenig stört, sind zwei Dinge: Zum einen wird zum Spülen weiterhin Wasser benötigt, was bei der Kompost-Toilette nicht der Fall ist. Zum anderen muss die Toilette nach wie vor alle zwei bis maximal drei Tage geleert werden. Hier ist die Kompost-Toilette in meinen Augen ganz klar im Vorteil. Zwar muss der Urintank etwas öfter geleert werden als der Behälter für die Feststoffe, aber die Intervalle sind wesentlich größer, und man ist nicht zwingend auf Entsorgungs-Stationen angewiesen. Das gilt zugegebenermaßen allerdings auch für die chemielose Lösung. Für die, die also nicht gleich komplett umbauen wollen, kann der Verzicht auf die Chemie also auch eine umweltfreundlichere Lösung sein. Allerdings ist die SOG-Entlüftung wohl eine wichtige Voraussetzung dafür.

„Mit Solarmodulen ist es möglich, seinen Strom unterwegs einfach und vor allem kostengünstig selbst zu produzieren."

STROM

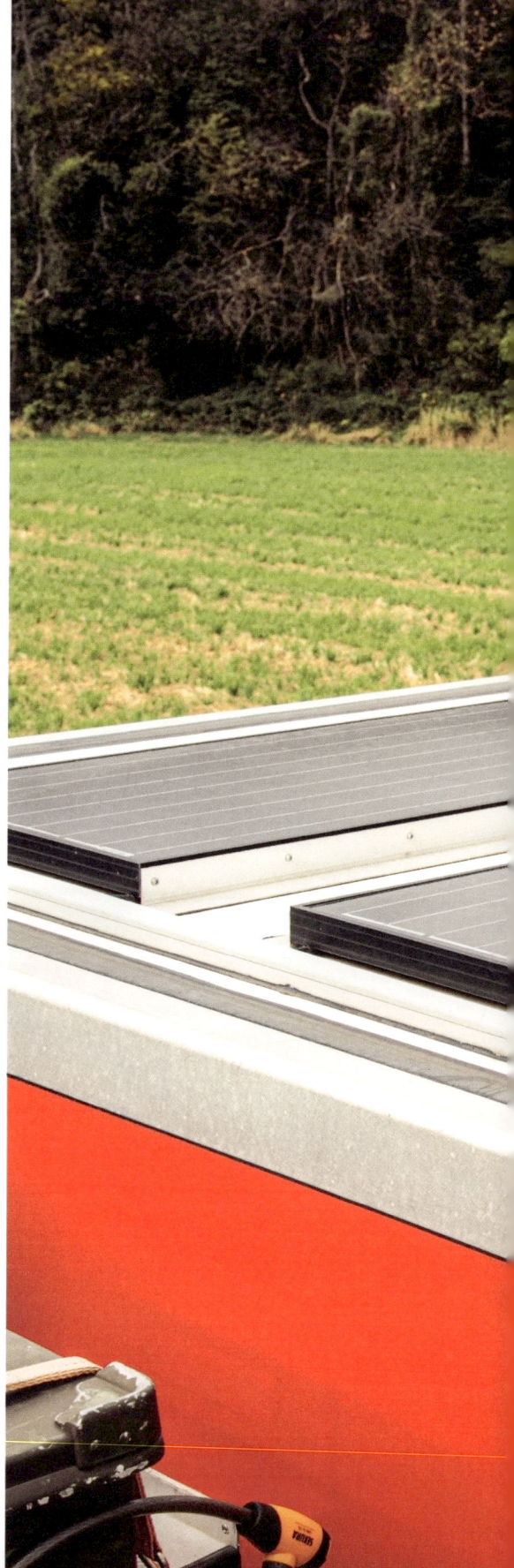

Klar, die meisten Freizeit- und Reisemobile verfügen über einen Landstrom-Anschluss und ausreichend viele Stellplätze über eine mehr oder minder ausreichende Anzahl von Stromsäulen. Kein Problem also, Fahrzeug und Steckdose an der Säule mit einem Kabel zu verbinden und ein paar Münzen einzuwerfen, um anschließend Kühlschrank, Kaffeemaschine, Laptop und den Föhn wie zu Hause nutzen zu können. Was die meisten jedoch schnell feststellen: Das ist oft nicht unbedingt günstig, und der eine oder andere Euro ist schneller weg als einem lieb ist.

Hinzu kommt, und das wissen wir alle, die Stromproduktion ist nicht immer unumstritten. Dabei spielt es kaum eine Rolle, ob der Saft aus einem Windkraftwerk kommt, mit Gas oder Kohle produziert wird oder aus einem Atommeiler stammt. Irgendeine Gruppe hat irgendwie immer Einwände. Von »Atomkraft nein danke« bis zu »Keine Windkraftmonster in unserem Ort« hat man fast jeden Einwand gegen die verschiedenen Arten Strom zu produzieren schon einmal gehört. Und die Windräder in die Nordsee zu verbannen, und den Strom via neu zu bauender Überlandtrasse bis nach Bayern schicken zu wollen, ist bei der Bevölkerung auch nicht gut angekommen.

Ach könnte man seinen Strom doch einfach und vor allem kostengünstig selbst produzieren. Ich verrate jetzt natürlich kein großes Geheimnis, dass das mit Solarmodulen möglich ist. Gerade im Wohnmobil lässt sich das hervorragend umsetzen, da viele Verbraucher auf 12 oder 24 Volt laufen. Aber auch die 230-Volt-Geräte lassen sich heute mit entsprechender Akku-Kapazität und ausreichend Modulen auf dem Dach relativ problemlos betreiben.

Damit das Ganze aber auch wirklich funktioniert, und man nicht doch unversehens im Dunkeln steht oder sitzt, weil die Bordbatterie leergesaugt ist, reicht es leider nicht, einfach ein paar Module aufs Dach zu packen, einen Wechselrichter neben Akkus zu schrauben und alles mit Kabeln zu verbinden. Zuvor bedarf es nämlich einer echt genauen Planung. Dabei beginnt man quasi von hinten, bei den Verbrauchern. Das ist nötig, um den Strombedarf zu ermitteln. Dazu werden sie in einer Liste erfasst und ihre Leistung dazugeschrieben. Die Leistung ist als Watt auf dem Gerät oder den Glühbirnen angegeben.

Strombedarf ermitteln

Anhand der Liste lässt sich ermitteln, wieviel Strom man in seinem Wohnmobil verbraucht. Als Grundlage werfen wir jedoch vorab einen Blick auf Formeln, die hier zur Anwendung kommen:

Leistung in Watt (W) / Spannung in Volt (V) = Strom Ampere (A)

und

Strom (A) x Zeit in Stunden pro Tag (h)/d = Stromverbrauch in Amperestunden pro Tag (Ah)/d

In einer einzigen Formel ausgedrückt also:

$$\frac{W}{V} * h = Ah$$

Dazu müssen wir noch wissen, dass eine Bordbatterie, wenn sie voll aufgeladen ist, im Wohnmobil üblicherweise eine Spannung von 12 Volt hat. Ist das Stromnetz im Wohnbereich auf 24 Volt ausge-

legt, muss dieser Wert verwendet werden.

Damit können wir nun den Stromverbrauch der einzelnen Geräte und Leuchten berechnen. Als Beispiel nehmen wir zwei Leseleuchten, wie man sie oft im Sitzbereich des Reisemobils hat, und gehen davon aus, dass sie – bereits energiesparend – mit LED-Leuchtmitteln bestückt sind. Wählen wir welche mit 1,2 Watt. Die Rechnung sieht nun also wie folgt aus:

1,2 W / 12 V = 0,1 A x 2 Leuchten = 0,2 A

Nun benötigen wir die Zeit, die die beiden Leuchten am Tag brennen. Das wird im Winter länger sein, im Sommer kürzer. Da wir jedoch für die kürzeren Tage im Jahr genügend Saft in den Akkus benötigen, nehmen wir eine Zeitangabe für den Winter und gehen davon aus, dass sie etwa fünf Stunden am Tag brennen werden. Unsere Rechnung geht daher wie folgt weiter:

0,12 A x 5 h/d = 1,0 Ah/d

Die beiden Leseleuchten verbrauchen also knapp eine Amperestunde pro Tag.

Etwas komplizierter sieht es bei den 230-Volt-Verbrauchern aus. Hier müssen wir zur Wattangabe noch einmal 15 Prozent Verlust durch den Wechselrichter hinzurechnen. Nehmen wir als Beispiel eine der Kaffeemaschinen für Pads mit 1450 Watt, die am Morgen zweimal für etwa je fünf Minuten in Betrieb ist. Die Rechnung lautet also:

1.450 W x 1,15 = 1.667,5 / 12 V = 138,95 A

Bei der Rechnung in Minuten wird es nun ein klein wenig komplizierter, da wir die 60 Minuten in 100 umrechnen müssen, die sogenannte Industriestunde. So schwierig wie das zunächst scheint ist es jedoch nicht, denn die Anzahl der Minuten wird dafür einfach durch sechzig geteilt. Fünf Minuten ergeben als 0,083 Industrieminuten, unsere zweimal fünf Minuten 0,166 Industrieminuten. Unsere Rechnung geht also folgendermaßen weiter:

138,95 A x 0,166 h/d = 23,06 Ah/d

Wir sehen also, dass 230-Volt-Verbraucher, wie die Kaffeemaschine oder der Föhn, um ein Vielfaches mehr an Amperestunden verbrauchen als die 12-Volt-Verbraucher. Entsprechend stark muss also unsere Bordbatterie ausgelegt sein. Und entsprechend sinnvoll ist es, möglichst viele Verbraucher auf 12 respektive 24 Volt auszulegen, was bei Föhn und Kaffeemaschine zugegebenermaßen jedoch nicht so wirklich funktioniert. Bei Laptops, Notebooks oder Pads besteht jedoch die Möglichkeit, sie mit 12-Volt-Netzteilen zu betreiben, da sie ohnehin nicht mit 230 Volt laufen, sondern über ihr Netzteil heruntergeregelt werden. Auf den Leistungsverlust, der entsteht, wenn man erst 12 Volt auf 230 Volt hoch- und anschließend wieder auf 16 oder 18 Volt herunterregelt, kann man also getrost verzichten.

Auf diese Weise geht man durch das gesamte Wohnmobil, prüft wieviel Watt jeder Verbraucher hat, schätzt die ungefähre Anschaltdauer und rechnet den Strombedarf aus. Anschließend werden die Werte addiert und man erhält den Strombedarf im Wohnmobil.

Als kleine Hilfe habe ich eine Liste über die üblichen Verbraucher zusammengestellt (rechts). Wer sich mit Tabellenkalkulationsprogrammen wie Excel oder Calc von Open-Office auskennt, kann sich auch eine Tabelle erstellen, die die Werte automatisch ausrechnet und addiert. Auch hierzu habe ich auf der nächsten Seite ein kleines Beispiel erstellt.

Mögliche Verbraucher, die bei der Berechnung des Strombedarfs berücksichtigt werden müssen:

- Beleuchtung Alkoven
- Beleuchtung Sitzgruppe
- Beleuchtung Gang
- Beleuchtung Küche
- Beleuchtung Bad
- Außenbeleuchtung
- Klimaanlage
- Ventilator
- Heizung (sofern elektrisch)
- Heizungsgebläse
- Warmwasserboiler (sofern elektrisch)
- Frischwasser-Pumpe
- Abwasser-Pumpe
- Kühlschrank (sofern mit 12 V betrieben, wie z. B. Kompressor-Kühlschränke)
- Radio & CD-Spieler
- Fernseher
- Sat-Anlage
- Laden Handy
- Laden Tablet
- Laden Kamera
- Laden mobiler WLAN-Router Laptop & Notebook (wenn möglich auf 12-V-Netzteil umrüsten)
- Kaffeemaschine
- Mixer
- Föhn
- Rasierapparat

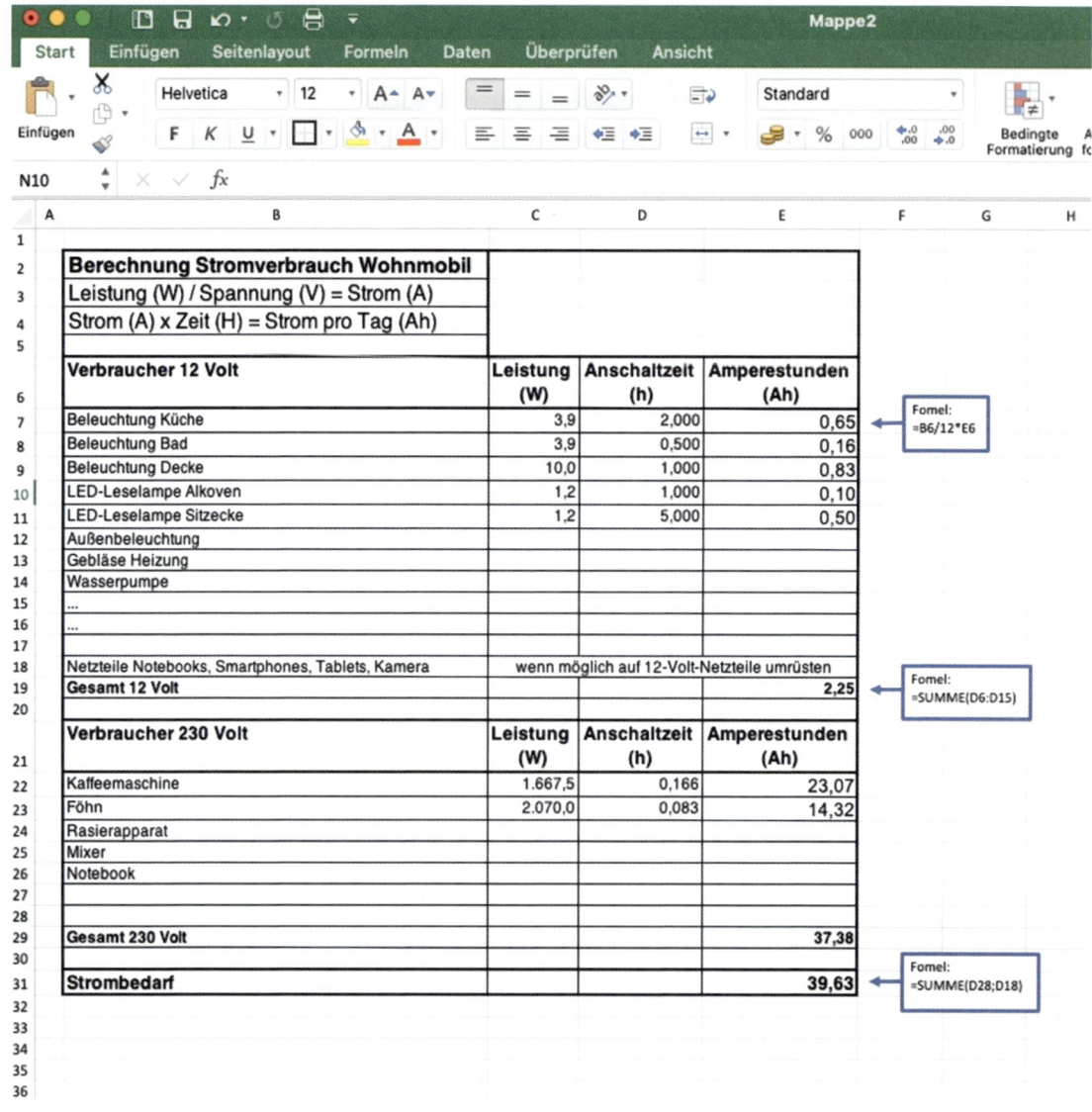

| Start | Einfügen | Seitenlayout | Formeln | Daten | Überprüfen | Ansicht |

N10

	A	B	C	D	E	F	G	H
1								
2	**Berechnung Stromverbrauch Wohnmobil**							
3	Leistung (W) / Spannung (V) = Strom (A)							
4	Strom (A) x Zeit (H) = Strom pro Tag (Ah)							
5								
6	**Verbraucher 12 Volt**		Leistung (W)	Anschaltzeit (h)	Amperestunden (Ah)			
7	Beleuchtung Küche		3,9	2,000	0,65		Fomel: =B6/12*E6	
8	Beleuchtung Bad		3,9	0,500	0,16			
9	Beleuchtung Decke		10,0	1,000	0,83			
10	LED-Leselampe Alkoven		1,2	1,000	0,10			
11	LED-Leselampe Sitzecke		1,2	5,000	0,50			
12	Außenbeleuchtung							
13	Gebläse Heizung							
14	Wasserpumpe							
15	...							
16	...							
17								
18	Netzteile Notebooks, Smartphones, Tablets, Kamera		wenn möglich auf 12-Volt-Netzteile umrüsten					
19	**Gesamt 12 Volt**				2,25		Fomel: =SUMME(D6:D15)	
20								
21	**Verbraucher 230 Volt**		Leistung (W)	Anschaltzeit (h)	Amperestunden (Ah)			
22	Kaffeemaschine		1.667,5	0,166	23,07			
23	Föhn		2.070,0	0,083	14,32			
24	Rasierapparat							
25	Mixer							
26	Notebook							
27								
28								
29	**Gesamt 230 Volt**				37,38			
30								
31	**Strombedarf**				39,63		Fomel: =SUMME(D28;D18)	
32								
33								
34								
35								
36								

Mit einem Tabellenkalkulationsprogramm lässt sich der Strombedarf nicht nur schnell und unkompliziert ausrechnen, man kann auch problemlos Änderungen vornehmen, neue Verbraucher hinzufügen und alte löschen oder ersetzen.

Um den Strombedarf niedrig und damit die benötigte Akku-Kapazität gering zu halten, empfiehlt es sich, ältere, stromfressende Verbraucher gegen moderne Varianten auszutauschen, die weniger Strom benötigten. Also zum Beispiel herkömmliche Leuchtmittel durch LED-Leuchtmittel zu ersetzen. Mittlerweile sind für viele Lampen im Wohnmobil-Bereich die passenden LED-Einsätze erhältlich.

Macht man sich Gedanken darüber Strom aus der Bordbatterie einzusparen, sollte man auch überlegen, ob und welche 230-Volt-Geräte, die man über einen Wechselrichter betreibt, eventuell auch als 12-Volt-Gerät oder als Gerät mit Akkubetrieb erhältlich sind, freilich ohne dabei an Leistung einzubüßen. Beim Föhn zum Beispiel gibt es leider keine sinnvollen 12-Volt-Alternativen.

Akku-Kapazität festlegen

Hat man den Strombedarf pro Tag ermittelt, weiß man, welche Kapazität die Bordbatterie mindestens haben muss, um ohne Nachzuladen alle Verbraucher mit Strom zu versorgen. Für die endgültige Kapazität sollte man jedoch noch einen Puffer einrechnen. Der muss nicht das Doppelte betragen, aber mit dem 1,7fachen sollte man rechnen, den Strombedarf also mit diesem Wert multiplizieren. Daraus ergibt sich, wieviel Amperestunden die benötigten Akkus haben müssen – für einen Tag. Will man länger autark stehen, muss die Anzahl der Tage, die man ohne Nachladen verbringen möchte, hinzugerechnet werden.

Das ergibt jedoch mitunter einen recht großen und damit schweren Block an Akkus, die man mitführen muss, und man muss unter Umständen mehrere Batterien parallel schalten, um auf die gewünschten Amperestunden zu kommen.

Parallelanschluss bedeutet, dass auf der einen Seite die Pluspole der Akkus miteinander verbunden werden und auf der anderen Seite die Minuspole. Dabei werden zuerst alle Pluspole miteinander verbunden und erst danach die Minuspole. Die Kabel für die Anschlüsse sollten dabei jeweils entgegengesetzt liegen, damit der Strom beim Laden in allen Akkus gleichmäßig fließt. Auch hier wird der Pluspol zuerst angeschlossen. Für Parallelschaltungen gilt die folgende Formel: gesamt = $I_1 + I_2$ usw. aber $V_{gesamt} = V_1 = V_2$ usw. Die Amperestunden der Akkus werden also addiert, während die Spannung, also die Volt-Zahl, gleichbleibt.

$$\text{Formel: } I_{gesamt} = I_1 + I_2 + I_3 \quad \text{aber} \quad V_{gesamt} = V_1 = V_2 = V_3$$

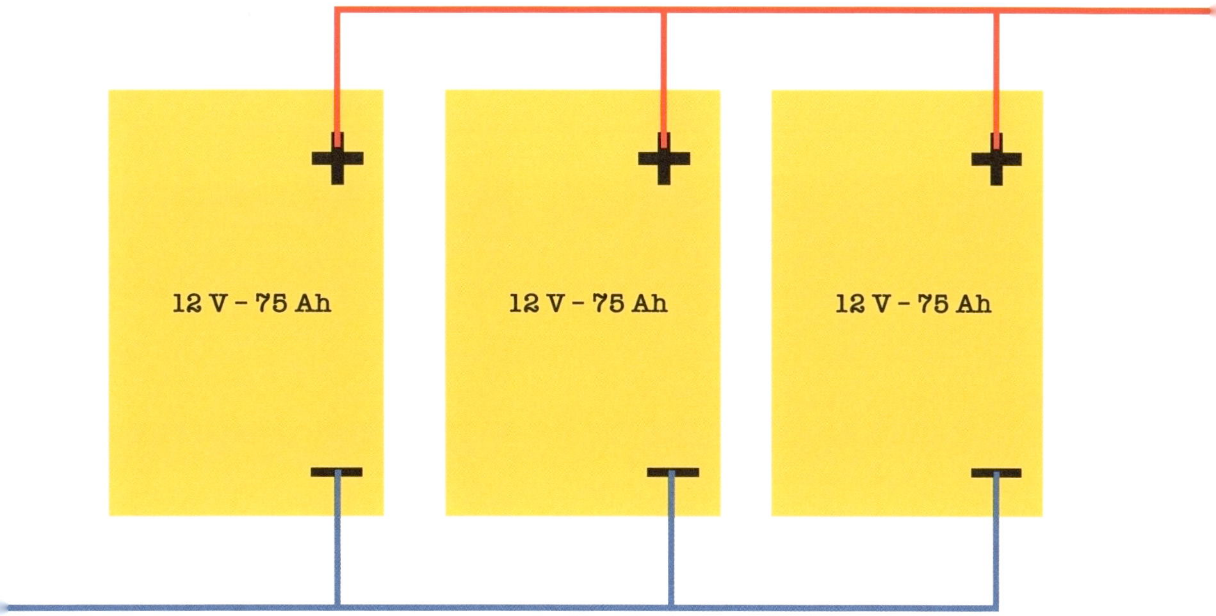

12 V – 75 Ah　　　**12 V – 75 Ah**　　　**12 V – 75 Ah**

Gesamt 12 V – 225 Ah

Bei einer Parallelschaltung lassen sich beliebig viele Batterien zusammenschalten. Die Spannung bleibt immer gleich – in diesem Beispiel bei zwölf Volt.

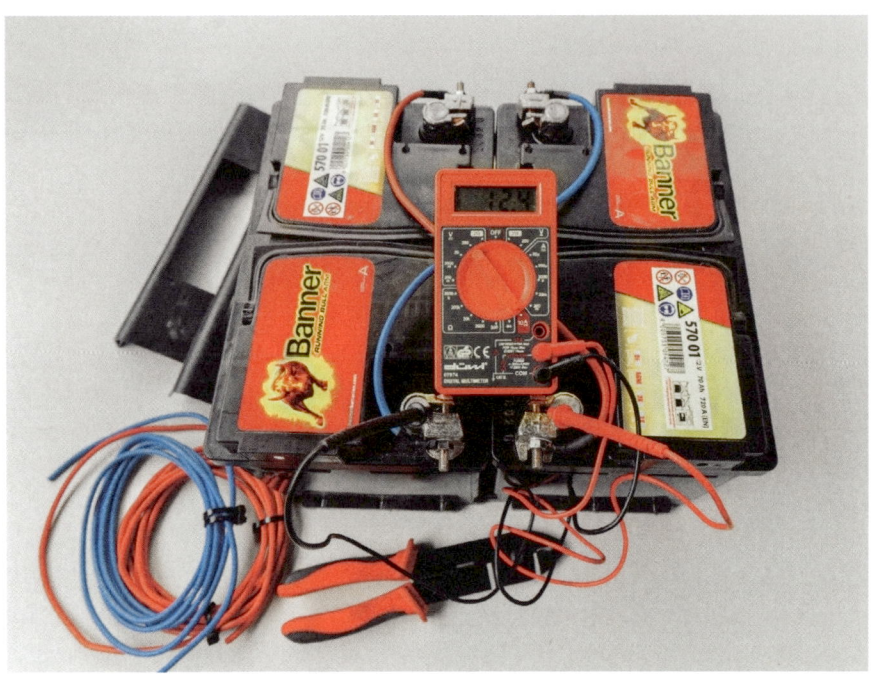

Das Messgerät liefert den Beweis. Die beiden Akkus sind parallel zusammengeschaltet, die Spannung liegt dennoch bei 12,4 Volt.

Welchen Batterietyp man verwendet, bleibt nicht nur der Vorliebe, sondern auch dem Geldbeutel überlassen. Seit einiger Zeit finden Lithium-Eisenphosphat-Akkus (LiFePO4) immer mehr Anklang, da sie vor allem länger halten und öfter ge- und entladen werden können. Dafür sind sie (noch) wesentlich teurer als AGM-, Gel- oder Blei-Säure-Akkus. Über die Gesamtlaufzeit soll sich das aber rechnen. Ich persönlich habe bislang keine Erfahrung mit diesem Akkutyp sammeln können. Mein Favorit ist derzeit immer noch die Optima Yellow Top, die bei uns zuerst in der Pickup-Kabine, dann in einem tragbaren Power-Pack von National Luna, danach in unserem VW-Bus und derzeit wieder im Power-Pack Dienst tut. Seit 2012 immer die gleiche Batterie, die in der Zeit schon zwei- oder dreimal tiefentladen war. Das steckt die Yellow Top zum Glück locker weg. Und da sie als Verbraucher-Batterie ausgelegt ist, ist sie als Aufbau-Batterie für das Wohnmobil in meinen Augen perfekt geeignet.

Unsere Optima Yellow Top dient uns seit 2012 in verschiedenen Fahrzeugen. Zuerst in der Pickup-Wohnkabine (Bild oben rechts), dann in einem portable Power-Pack (Bild unten links), anschließend in unserem VW-Bulli (Bild unten rechts) und aktuell wieder im Power-Pack.

Die Batterien der Optima-Serie Red-, Yellow- und Blue-Top sind wartungsfrei, rüttelfest und auslaufsicher. Daher können sie auch liegend oder kopfüber montiert werden und eignen sich besonders für Geländefahrzeuge.

Solarmodul

Widmen wir uns als letztem Punkt den Solarmodulen, die uns ja kostenlos Strom liefern sollen. Die wichtigste Frage hierbei natürlich: Wie viele Module müssen aufs Dach und was müssen sie leisten? Als Faustformel kann man dazu festhalten, dass im Sommer ein 100-Watt-Modul je 100 Amperestunden Batteriekapazität ausreichend ist. Im Winter, wenn die Sonne tief steht und nicht so lange scheint, sieht das jedoch anders aus. In dieser Zeit sollte man für die Module die doppelte Watt-Zahl planen, also 200 Watt je 100 Amperestunden Akku-Kapazität. Allerdings gibt es auch ein paar Tricks, mit denen man arbeiten kann. Der eine besteht darin, dass man das Modul mit einer Aufstellmöglichkeit versieht, da sich so der Wirkungsgrad der Sonneneinstrahlung erhöht. Der andere ist die Verwendung eines mobilen Moduls, das man ebenfalls schräg zur Sonne ausrichten und ihr zusätzlich nachführen kann. Beides lässt sich gut mit dem Solarmount von Relleumdesign kombinieren. Diese Halterung lässt sich in alle vier Richtungen aufstellen, aber auch komplett vom Dach nehmen. Das hat nicht nur im Winter Vorteile, sondern auch im Sommer. So kann man das Fahrzeug nämlich im

Solarmodule sind als feste und als flexible Module erhältlich. Bei der Montage sollte man auf ausreichende Hinterlüftung achten, da die Leistung bei zunehmender Wärme abnimmt.

Schatten parken, während das Modul in der Sonne ordentlich Strom produziert.

Weiß man, zu welchen Jahreszeiten und auch in welchen Breitengraden man unterwegs sein will und wird, lässt sich mit diesem Wissen also relativ gut bestimmen, was man an Modulen aufs Dach packen muss, damit man vom Landstrom weitestgehend unabhängig wird.

Bei Solarmodulen unterscheidet man zwischen monokristallinen und polykristallinen Modulen. Beide haben Vor- und Nachteile. Die monokristalli-nen Module können zwar mehr Strom produzieren, benötigen dafür aber eine möglichst volle Sonneneinstrahlung. Polykristalline Module haben bei voller Sonneneinstrahlung zwar einen niedrigeren Ertrag, liefern dafür aber bei bedecktem Himmel oder schlechtem Einfallswinkel mehr Strom als die Monokristalle. Unterm Strich kann das damit dann sogar wieder zu einer höheren Stromproduktion führen. Geht es also überwiegend in sonnenreiche Gegenden, wäre das monokristalline Modul die bessere Wahl, in Gegenden mit vielen Wolken oder Regen das polykristalline.

Mit aufstellbaren Modulhalterungen können die Solarpanels so positioniert werden, dass sie immer optimal Strom produzieren. Der Solarmount von Relleumdesign kann in alle vier Richtungen hochgeklappt und auch mitsamt Modul abgenommen werden.

Strom

Vom Aufbau her unterscheidet man Module mit starrem Alurahmen, die oft in Glas gegossen sind, und flexible Module, die auch auf Dächer geklebt werden können, die nicht plan sind, wie zum Beispiel beim VW-Bus. Dabei ist allerdings zu beachten, dass die Stromproduktion der Module mit zunehmender Temperatur abnimmt. Zumindest bei der Montage der starren Module sollte man daher darauf achten, dass sie hinterlüftet sind.

Den Schlussbaustein der autarken Stromversorgung bildet der Wechselrichter, der zwischen Solarmodul und Batterie geschaltet wird. Hier unterscheidet man zwischen PWM- und MPPT-Ladereglern. Einfach erklärt: Der einfachere PWM-Regler wandelt die Spannung auf die Spannung der Batterie und schiebt sie in den Akku. MPPT-Regler sind etwas aufwändiger konstruiert und liefern – ebenfalls einfach erklärt – eine höhere Leistung. In sehr sonnenreichen Gegenden macht es kaum einen Unterschied, welchen Regler man verwendet. In weniger sonnenverwöhnten Ecken der Welt ist der MPPT-Regler allerdings die bessere Wahl.

In unserem Bulli hatten wir im Herbst 2018 lediglich ein aufstellbares 135-Watt-Faltmodul der Firma Prevent aus Limeshain-Himbach (www.prevent-germany.com) dabei, mit dem wir unsere Zweit-Batterie geladen haben. Die hatte zwar, außer die Kühlbox zu betreiben, ab und zu die Wasserpumpe mit Strom zu versorgen und täglich zwei Handys aufzuladen, nicht viel zu tun, aber das ausschließliche Laden über das Solarpanel, das nicht den ganzen Tag angeschlossen war, reichte dafür aus, ohne dass wir zusätzlich Landstrom benötigt haben. Das Modul stand dabei entweder neben dem Fahrzeug in der Sonne, oder – wenn wir zu Fuß unterwegs waren – hinter der Windschutzscheibe. Letzteres funktioniert allerdings nur, wenn die Scheibe auch UV-Strahlen durchlässt.

Hat man eine Solartasche dabei, kann man das Fahrzeug im Schatten parken und die Module in die Sonne stellen. So lässt sich auch das Solarpanel gut dem Sonnenstand nachführen.

Unser kleiner MPPT-Regler im
Bulli für unser flexibles Solarmodul. Mit ihm haben wir unsere
Zweit-Batterie, die Yellow Top,
unter dem Fahrersitz geladen
(siehe Bild S. 103 rechts unten).

»Ob im Fahrzeug angenehme Temperaturen herrschen,
hängt vor allem von der Isolierung ab.«

HEIZEN & FAHRZEUG-DÄMMUNG

Es ist im Prinzip relativ egal, ob man mit Gas, Diesel oder irgendetwas anderem heizt und ob die Heizung eine Gebläse-Heizung ist, oder die Wärme über irgendeine Form von Heizkörpern erzeugt wird. Ob man die Heizung permanent weit hochdrehen muss oder sie auf kleiner Flamme laufen lassen kann, damit im Fahrzeug angenehme Temperaturen herrschen, hängt von einem anderen Faktor ab: der Isolierung. Bei einem schon vorhandenen Fahrzeug wird man daher nicht viel ändern können. Dieser Faktor ist also eher für die relevant, die ein neues Reisemobil kaufen oder sich an den Selbstbau wagen.

Dennoch kann man bei manchen Fahrzeugtypen ein wenig an der Isolierung verbessern. Das betrifft aber vor allem die Fahrzeuge, die einen mehr oder weniger offenen Durchgang zum Fahrerhaus haben, oder bei denen die Vordersitze in den Wohnraum integriert werden, und natürlich alle Transporter, Busse und Geländewagen, die zu Wohnmobilen umgebaut werden. Wir können einen eklatanten Unterschied zwischen unserer Pickup-Kabine und unserem Alkoven-Wohnmobil mit großem Durchgang zum Fahrerhaus feststellen. Während wir in der gut isolierten Pickup-Wohnkabine erst sehr spät im Jahr ab und an die Heizung angeschmissen

Bei vielen Thermo-Matten halten die Saugnäpfe nach einer Weile nicht mehr. Damit die Matten auch wirklich Kälte oder Hitze abhalten, sollten sie außerdem perfekt passen.

Ein Vorhang zwischen Fahrerhaus und Wohnbereich verhindert, dass kalte Luft nach hinten strömt. Je kälter es draußen ist, umso dicker sollte er sein.

haben, kühlt das Wohnmobil gerade nachts sehr schnell aus. Die großen Scheiben im Fahrerhaus wirken wie ein Wärmetauscher und leiten die Wärme nach draußen, während es innen sehr schnell kalt wird.

Hier kann man ansetzen. Für fast alle Fahrzeuge sind zu den Scheiben passende Dämm- oder Thermo-Matten erhältlich. Allerdings erzielen nicht alle die gleiche Wirkung. Entweder ist das Material zu dünn, oder die Saugnäpfe halten auf Dauer nicht sicher an den Scheiben und lösen sich irgendwann mitten in der Nacht unbemerkt. Damit ist der Effekt der Wärmedämmung dahin.

Zu den derzeit wohl am besten dämmenden Matten gehören die Blidimax-Fenstermatten der Blickdicht Manufaktur aus Neuss (www.blidimax.de). Sie bestehen aus insgesamt acht verschiedenen Lagen. Darunter gewebeverstärkte Aluverbundfolie, Vliese, weitere Alufolien im Kern, Schäume und ein Spinnvlies als Innenabschluss, das in 56 verschiedenen Farben erhältlich ist. Diese Kombination der verschiedenen Schichten isoliert sowohl gegen Kälte als auch gegen die Wärme der Sonne. Gab es zum Start der Firma nur wenige Zuschnitte für Fahrzeuge und wurde nach Aufmaß passend gefertigt, greift man mittlerweile auf jede Menge Zuschnitt-Muster für die unterschiedlichsten

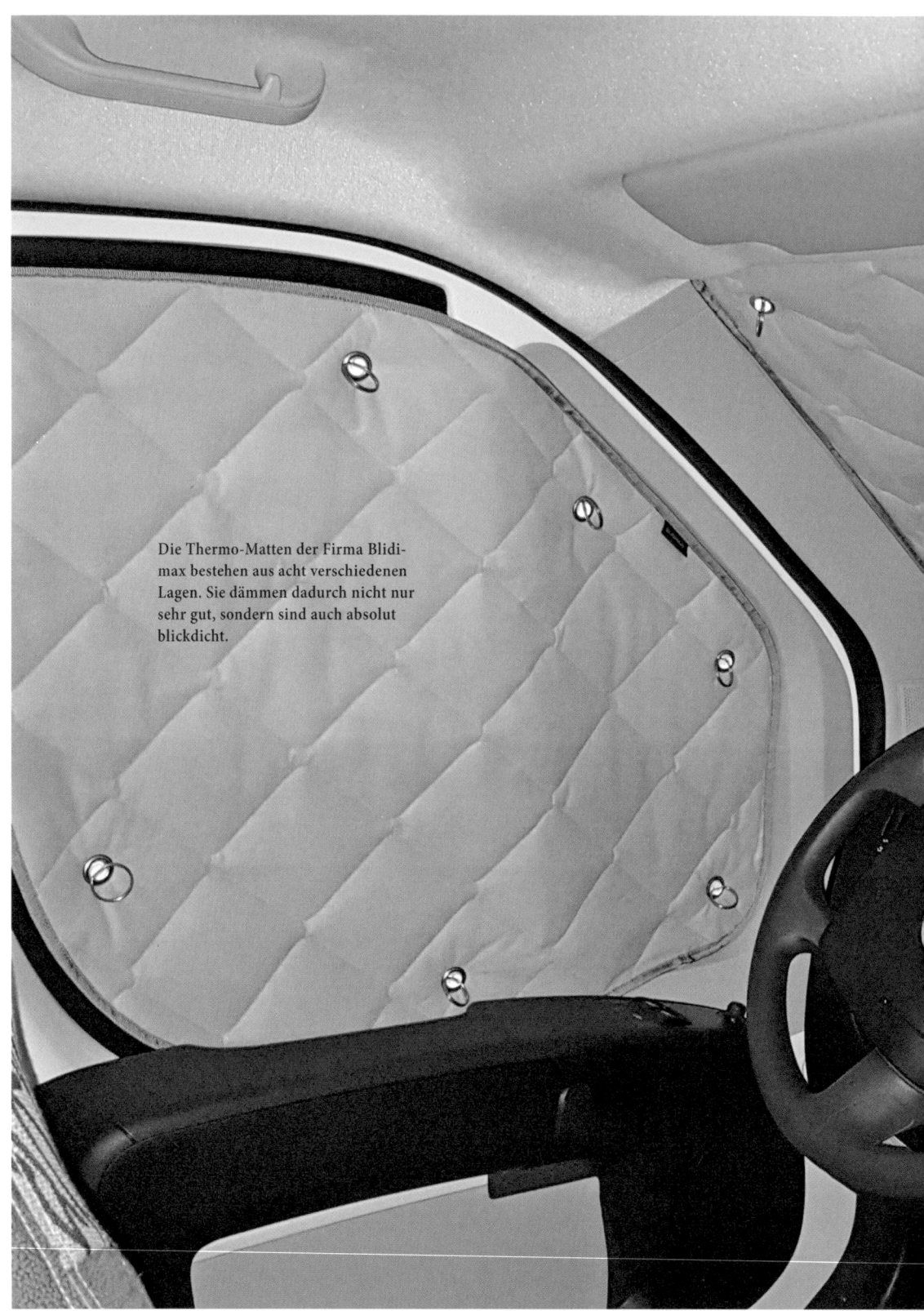

Die Thermo-Matten der Firma Blidi-
max bestehen aus acht verschiedenen
Lagen. Sie dämmen dadurch nicht nur
sehr gut, sondern sind auch absolut
blickdicht.

Offroader und Reisemobile zurück. Sollte man dennoch ein Fahrzeug besitzen, das sich noch nicht im Blidimax-Portfolio befindet, wird kurzerhand ausgemessen. Aber nicht nur über die Zusammensetzung der Materialien hat man sich Gedanken gemacht, auch die Saugnäpfe der Matten sind keine herkömmlichen Saugnäpfe, sondern werden speziell für die Firma angefertigt. Sie sind neben transparent in sechs weiteren Farben erhältlich und durchgefärbt. Die Farbe geht also nicht irgendwann ab. Man kann sie auch einzeln erwerben und somit zum Beispiel die Farben wechseln, wenn man die gewählte Farbe »über« hat. Und – und das ist das

Wichtigste, sie halten! Die Ösen und Ringe sind aus rostfreiem V2A-Edelstahl gefertigt, damit sie langlebig sind und nicht rosten. Abgesehen davon, dass die Matten sehr gut isolieren, sind sie auch blickdicht – ganz so, wie der Name es verspricht.

Bei Fahrzeugen, die einen mehr oder weniger großen Durchgang zum Fahrerhaus haben, wie zum Beispiel unser Alkoven-Wohnmobil, hilft ein Vorhang zwischen Fahrerhaus und Wohnbereich ebenfalls. Hier gilt das, was man vielleicht noch von früher von manchen Kneipen- und Gaststätten-Eingängen kennt. Je dicker der Vorhang, umso besser.

Die Blidimax-Saugnäpfe werden speziell für die Firma angefertigt und sind in mehreren Farben erhältlich. Ihr wichtigster Vorteil ist jedoch, dass sie sicher auf der Scheibe halten.

Die acht Lagen der Blidimax-Matten bestehen unter anderem aus gewebeverstärkter Aluverbundfolie, Vliesen, weiteren Alufolien im Kern, Schäumen und einem Spinnvlies als dekorativem Innenabschluss.

Baut man einen Geländewagen, wie den Land Rover Defender, das »Buschtaxi« von Toyota, einen VW-Bus oder einen Mercedes Sprinter, zum Reisemobil aus, empfiehlt es sich, zusätzlich in die Dämmung zwischen Fahrzeugblech und Innenverkleidung zu investieren. Dazu müssen die Verkleidungen zunächst raus. Anschließend wird ein Dämmmaterial auf das Blech aufgebracht, das kein Wasser aufnehmen darf, da sonst der Rost vorprogrammiert ist. Gängige Materialien sind zum Beispiel Armaflex oder X-Trem Isolator. Sie sind als Matten oder auf der Rolle erhältlich und zum Teil selbstklebend. In einem derart gedämmten Fahrzeug muss die Heizung dann nicht mehr die ganze Nacht auf Hochtouren laufen. In unserem VW-Bus, den wir eigentlich nur für eine Reise nach Portugal gekauft hatten und dann doch länger behalten haben, hatten wir das Blech nicht gedämmt. In Portugal spielte das keine große Rolle. Als ich jedoch damit eine Nacht im November hinter einer Messehalle in Belgien übernachtet habe, lief die Standheizung die ganze Nacht durch. Zwar auf niedriger Stufe, aber dennoch eben die ganze Nacht. Außerdem war die Kälte gerade an der Außenwand deutlich spürbar und drang durch den Schlafsack. Vom ziemlich unsinnigen Dieselverbrauch einmal abgesehen, ist sowas unangenehm und geht auf den Geldbeutel.

Mit einem rundum gut gedämmten Fahrzeug kann man auch im Winter unterwegs sein oder in die kälteren Regionen dieser Welt reisen. Damit die Wärme bei Pausen oder nachts im Fahrzeug bleibt, sollten jedoch nicht nur die Fenster mit Isoliermatten abgedeckt, sondern auch die Zwischenräume zwischen Blech und Innenverkleidung gut gedämmt werden. Hierfür eignen sich Materialien wie Armaflex oder X-Trem Isolator. Eine Standheizung ist aber dennoch nötig. Nur den Motor laufen zu lassen reicht nicht und verbraucht außerdem zu viel Treibstoff.

»Jeder kennt das: viele Dinge, von denen man anfangs geglaubt hat, dass man sie unbedingt dabeihaben müsse, schlummern ungenutzt in den Tiefen der Staufächer.«

BELADEN DES FAHRZEUGS

Die Formel ist einfach: Je schwerer das Fahrzeug, umso höher der Spritverbrauch. Daher heißt es abspecken. Doch was kann, was soll raus, wenn man auf Reisen geht? Gehen wir es also durch.

Wasser

Einer der gewichtigsten Posten ist Wasser an Bord. Wasser wiegt ein Kilo pro Liter. Je nach Tankgröße sind das also 80, 100 oder mehr Kilo an »Ballast« den man herumfährt und der den Verbrauch erhöht. Um Umwelt und Geldbeutel zu schonen, muss man die Tanks beim Start von zu Hause oder zum nächsten Etappenziel nicht bis obenhin vollknallen, wenn die Reise in Gegenden mit guter Trinkwasserversorgung führt. Nahezu an jedem Wohnmobil-Stellplatz findet man Zapfstellen und auf Campingplätzen ohnehin. Rund 20 Liter im Tank reichen aus, damit man in der Pause schnell einen Kaffee oder Tee kochen oder sich mal die Hände waschen kann.

Etwas anders sieht es natürlich aus, wenn es in Gegenden geht, in denen die Versorgung mit sauberem Wasser nicht unbedingt gesichert ist. Dann müssen die Tanks bis obenhin aufgefüllt werden, wenn sich die Gelegenheit ergibt. Das trifft aber eher auf die Gruppe der Overlander zu, die oft in entlegene Gebiete der Welt reisen. Ist man jedoch in Europa unterwegs, findet sich fast überall eine Möglichkeit sauberes Wasser zu bunkern. Daher können selbst Weltreisende immer dann von dieser Möglichkeit Gebrauch machen, wenn sie nicht in den Weiten der Mongolei oder den Wüsten Afrikas unterwegs sind. Aber auch wenn man in Europa irgendwo in der Natur für einige Tage autark stehen will, muss man den Wassertank nicht schon bei der Abreise von zuhause vollmachen, sondern kann dies vor Ort tun und sich danach ein einsam gelegenes Plätzchen suchen.

Volltanken kann man meist auch am Zielort, die meisten Stellplätze verfügen über Zapfstellen. In entlegenen Regionen ist es allerdings ratsam, den Tank immer vollzumachen, wenn sich die Gelegenheit ergibt.

Wasser wiegt pro Liter ein Kilo. Befüllt man den Tank vor Antritt einer längeren Etappe nur mit rund 20 Liter, spart man Gewicht und damit Treibstoff ein und hat immer noch genug Wasser für einen Kaffee oder zum Händewaschen an Bord.

Lebensmittel

Ähnlich verhält es sich mit den Lebensmitteln, die man mitnimmt. Auch hier gilt: das Meiste kann man vor Ort einkaufen. In manchen Ländern sind gewisse Produkte sogar günstiger als bei uns. Dass das freilich nicht überall gilt, zeigt der Blick auf die Preise in skandinavischen Lebensmittelgeschäften. Hier muss man also abwägen, was einem wichtiger erscheint: der Umweltgedanke oder der eigene Geldbeutel.

Abgesehen davon haben wir festgestellt, dass manche Produkte in anderen Ländern einfach besser schmecken. Mein liebstes Beispiel dabei sind Fertig-Nudelsaucen aus dem Glas. In Deutschland kaufe ich sie nicht, da sie mir schlicht nicht schmecken. Ich vermute ja manchmal, dass es irgendeine Geheimzutat mit dem Namen »Deutsche-Saucen-Grundgeschmack« geben muss, da viele Fertiggerichte bei uns einen ähnlich seltsamen Beigeschmack haben. Anders zum Beispiel in Italien. Als leidenschaftlicher Hobbykoch verwende ich Fertigprodukte eigentlich nicht.

Als es vor Jahren nach der anstrengenden Anreise nach Italien jedoch schon spät geworden war, und ich keine große Lust hatte zu kochen, haben wir in einem kleinen Laden im Ort dann doch kurzerhand eine Fertig-Nudelsauce und Spaghetti gekauft. Gerade die kleinen Läden in Ländern wie Italien oder Frankreich haben ja dankenswerterweise Öffnungszeiten bis spät in den Abend. Gedanken wie »Naja, macht satt« begleiteten mich, als ich die Sauce erwärmt und über die Nudeln gegossen habe. Nach dem ersten Bissen eröffnete sich mir eine neue Sicht auf Fertigprodukte. Das schmeckte. Das schmeckte sogar richtig gut. Es geht also auch anders.

Was will ich jetzt damit aber sagen? Probiert einfach die Produkte in anderen Ländern aus, liebe Leser. Sicher wird einem vielleicht nicht alles schmecken, aber dann weiß man eben auch, was man künftig nicht mehr in den Einkaufswagen legt. Auf der anderen Seite warten aber neue Geschmackserlebnisse und vor allem der Umstand, dass man mit weniger Gewicht und damit niedrigerem Kraftstoffverbrauch zum Urlaubsort unterwegs ist. Ein Minimalvorrat, den man ohnehin dabeihaben sollte, reicht auch hier aus. Kaffee, Tee, ein oder zwei Liter Milch, Nudeln, Reis, Tomatenmark und ein paar andere Dinge machen im Auto Sinn. Für den Rückweg könnte das allerdings schnell anders aussehen. Aus eigener Erfahrung kann ich sagen, dass die Lebensmittelkisten dann meist recht voll sind, da Nudelsaucen und andere Dinge, die man hier nicht oder eben nicht in der gleichen Qualität bekommt, mit nach Hause reisen. Aber das lässt sich in unseren Augen verschmerzen, da ja der Vorrat durchaus länger reicht.

Unnötiges

Die nächste Möglichkeit Gewicht einzusparen ist, das Fahrzeug regelmäßig durchzugehen und alles, was man nicht benutzt, rauszuwerfen. Man wird dabei schnell feststellen, wie viele Dinge, von denen man anfangs geglaubt hat, dass man sie unbedingt dabeihaben müsse, seit mehreren Reisen ungenutzt in den Tiefen der Klappen und Staufächer schlummern. Man kann das einmal im Jahr oder nach jeder Reise machen. Dann sind die Erinnerungen noch frisch und man weiß noch, was man nicht ein einziges Mal benutzt hat. Da kommt viel Erstaunliches ans Licht und man fragt sich: »Warum hab' ich das eigentlich eingepackt?« Der Berg wird gerade beim ersten Durchgehen schnell recht groß. Aber auch bei späteren Durchgängen finden sich immer wieder Sachen, die man unterwegs dann doch nicht braucht. Am besten geht man systematisch durch. Von vorne nach hinten oder umgekehrt oder zuerst die Küche, dann den Unterschrank oder die Heckgarage und so weiter. Wichtig ist, dass man dabei keinen Bereich auslässt und konsequent ist. Ich zum Beispiel neige dazu, immer zu viel Werkzeug dabeizuhaben.

Das meiste brauche ich unterwegs nicht, wäre da nicht der Gedanke »Aber wenn doch?«. Die Kunst besteht darin, zu versuchen sich davon freizumachen – ich weiß: ziemlich schwierig.

Hilfreich kann es übrigens auch sein, sich unterwegs eine Liste anzulegen und das zu notieren, was nach der Reise rausfliegt. Oft hat man das nämlich schnell vergessen und nach der Rückkehr bleibt es dann doch im Fahrzeug. Wir haben unterwegs immer wieder festgestellt, wie wenig man doch tatsächlich braucht und fragen uns manchmal sogar, ob man nicht auch zu Hause ab und an mal durchgehen und überflüssigen Kram auf dem Flohmarkt verkaufen oder einfach verschenken sollte. Wäre da nur nicht immer so viel anderes zu tun.

Eine riesige Heckgarage mit Zugang von beiden Seiten und eventuell vom Innenraum aus ist toll. Die Versuchung, zu viel Ausrüstung mitzunehmen, ist jedoch groß.

Von Zeit zu Zeit ist es ratsam, die Ausrüstung durchzugehen und Unnötiges auszusortieren. Dazu geht man das komplette Wohnmobil durch.

Wir haben dabei zum Beispiel festgestellt, dass wir definitiv zu viel Geschirr dabeihaben. Zwei Teller von jeder Sorte würden vollkommen ausreichen.

Auch in Stauklappen, die unter dem Aufbau angebracht sind, sammelt sich schnell zu viel Zeug an. Der mobile Kocher wiegt nicht viel, ein Werkzeugkoffer ist dagegen schnell reichlich schwer.

Den Raum hinter der Stauklappe sollte man dabei nicht vergessen. Hier sammelt sich gerne viel Kram an.

Kleidung

Zugegeben, so ein T-Shirt oder eine leichte Sommerhose wiegen nicht viel. Aber auch hier macht es die Masse. Wir stellen nach unseren Touren immer wieder fest, dass da tatsächlich noch Kleidungsstücke im Wohnmobil liegen, die wir nicht ein einziges Mal angehabt haben. Oft denkt man, dass man ja genügend Klamotten dabeihaben muss, damit man immer was Frisches zum Anziehen hat. Kann man unterwegs waschen, braucht es aber gar nicht so viel. Ist man länger unterwegs, muss man das ohnehin.

Klar, der Lieblings-Pulli, das Lieblingshemd und auch Regenkleidung oder eine dicke Jacke für den Notfall müssen mit. Aber müssen es wirklich 15 T-Shirts sein, die farblich abgestimmt zu 8 verschiedenen Hosen passen. Natürlich mag man manche Farben nicht miteinander kombinieren. Meine Frau und ich tragen gerne aufeinander abgestimmte Kleidung. Um aber nicht Kleidung in fünf verschiedenen Farbkombinationen mitnehmen zu müssen, kam meine Frau irgendwann auf die Idee, eben nur Dinge in einer einzigen Farbkombi mitzunehmen. Das bedeutet also zum Beispiel nur alles einzupacken, was sich mit blau oder was sich mit beige kombinieren lässt. Damit kann man den Kleiderberg, aber auch die Anzahl der Schuhe recht gut reduzieren.

Legt man unterwegs Wert auf zueinander abgestimmte Kleidung, packt man nur Farben ein, die man beliebig miteinander kombinieren kann. Das spart Platz und Gewicht im Kleiderfach.

unleaded

GAUGE GLASS
UST BE FULL
ORE & AFTER
DELIVERY

HANG UP NOZZLE IN PLACE
PROVIDED IMMEDIATELY
AFTER EACH SERVE

$

DOLLARS   CENT

TOTAL SA

GALLON

7 2 0

CENTS PER GALLON

»Möglichst spritsparend unterwegs zu sein, schont nicht
nur die Umwelt, sondern auch den eigenen Geldbeutel.«

TREIBSTOFF SPAREN

D as letzte Kapitel mit Tipps zum umweltfreundlichen Reisen widme ich dem Thema Kraftstoff, oder besser der Einsparung von Treibstoffen. Egal, ob das Reisemobil mit Diesel, mit Benzin, Gas oder gar schon elektrisch angetrieben wird, der Treibstoff muss produziert werden, und er wird beim Fahren in Energie umgesetzt. Um möglichst wenig davon zu brauchen, kann man an verschiedenen Stellschrauben drehen. Möglichst spritsparend unterwegs zu sein, schont aber nicht nur die Umwelt, sondern auch den eigenen Geldbeutel. Jeder Liter, jede Kilowattstunde, die man weniger verbraucht, muss schließlich nicht bezahlt werden. Klar, natürlich tankt man voll und bezahlt für den Inhalt, das Geld dafür geht über den Tresen der Tankstelle. Aber man kommt mit der Füllung eben einige Kilometer weiter. Dass das sogar ziemlich viele Kilometer sein können, zeigen die Beispiele aus dem einen der Module der Berufskraftfahrerschulung, die LKW-Fahrer seit Oktober 2006 alle fünf Jahre absolvieren müssen.

Laut Modul sind hier pro Fahrzeug bis zu drei Prozent Einsparung möglich. Sehen wir uns das also an. Zugegeben, für den Einzelnen bedeutet das recht wenig, und der gesparte Betrag hält sich in Grenzen. Rechnen wir das jedoch auf die weiter vorne schon genannte Anzahl von 590.000 Wohnmobilen, die in Deutschland angemeldet sind, hoch, ergeben sich 1.357.000 Liter, wenn jeder lediglich 2000 Kilometer im Jahr unterwegs ist, im Schnitt 11,5 Liter verbraucht und ein Prozent einspart. Nehmen wir die jährlichen 5000 Kilometer beim gleichen Verbrauch, aber drei Prozent Einsparungen, kommen wir auf 10.177.500 Liter. Wie man es im Durchschnitt auch

rechnen mag, die Anzahl der Liter bleibt gewaltig. Daraus folgt, dass auch die Emissionen um einen nicht unwesentlichen Faktor niedriger sind. Doch was kann man tun, um Kraftstoff einzusparen? Zunächst müssen wir uns bewusst machen, dass es beim Fahren gilt, gewisse Widerstände zu überwinden. Im Einzelnen sind das:

- Rollwiderstand
- Luftwiderstand
- Steigungswiderstand
- Beschleunigungswiderstand

Sie alle lassen sich verringern.

Rollwiderstand

Beginnen wir mit dem Rollwiderstand. Er wird durch folgende Faktoren beeinflusst:

- Reifengröße
- Reifenprofil
- Reifenbauart
- Reifenluftdruck
- Radlauf
- Radlast
- Geschwindigkeit

An ein paar Dingen kann man als Wohnmobilist wenig drehen. So lässt sich zum Beispiel die Reifengröße nur bei wenigen Fahrzeugen gravierend ändern. Auch wenn große Räder weniger Rollwiderstand haben als kleine, wird man wohl kaum auf größere Gummis wechseln. Ausnahme bilden hier die Geländefahrzeuge, die durch den Wechsel zu größeren Rädern auch beim Fahren im Gelände Vorteile haben.

Der nächste Punkt ist das Reifenprofil. Das sollte man regelmäßig überprüfen und den Gegebenheiten anpassen. Im Sommer zum Beispiel mit grobstolligeren Winterreifen unterwegs zu sein, macht nicht nur wegen des Verbrauchs wenig Sinn. Meist sind die Gummimischungen zudem weicher als bei Sommerreifen und fahren sich deshalb schneller ab. Auch hier sind es aber wieder die Fahrer der Allrad-Reisemobile, die an dieser Stellschraube drehen können. Ist man nur sehr wenig offroad unterwegs, kann man drüber nachdenken, ob man nicht besser ein weniger grobes Profil fährt.

Bei der Reifenbauart hat der Radialreifen ganz klar die Nase vorn, da sich der Reifen beim Fahren weniger verformt und der Rollwiderstand geringgehalten wird. Hier sollen Einsparungen bis zu zwei Prozent möglich sein.

Der wichtigste Faktor ist jedoch der Luftdruck. Hier kann jeder am meisten selbst beeinflussen. Ein um ein Bar zu niedriger Reifendruck bewirkt einen Mehrverbrauch von fünf Prozent. Gerade die größeren Wohnmobile sind mit fünf und mehr Bar in den Reifen unterwegs. Ein halbes Bar zu wenig fällt da nicht so schnell auf. Daher sollte man den Reifendruck regelmäßig kontrollieren. 14 Tage gelten als eine gute Faustregel. Außerdem macht es Sinn, sich eine Abfahrkontrolle zur Gewohnheit zu machen, wie die LKW-Fahrer sie eigentlich vor Fahrtbeginn machen sollten. Hier kann man dann auch gleich noch prüfen, ob alle Lichter funktionieren und genügend Wasser und Öl vorhanden sind.

Eine verstellte Spur erhöht den Verbrauch zwar nur geringfügig, den Reifenverschleiß dafür umso mehr. Auch hier sollte man in gewissen Abständen prüfen, ob noch alles in Ordnung ist. Der TÜV-Termin ist eine gute Gelegenheit dazu.

Wie im vorigen Kapitel schon angesprochen, spielt auch das Fahrzeuggewicht eine Rolle. Hier ist es nicht nur sinnvoll abzuspecken, sondern die Last auch sinnvoll im Fahrzeug zu verteilen. Als Faustformel gilt: Schweres mittig oder über die Hinterachse, Leichtes nach oben.

Den Luftdruck in den Reifen sollte man spätestens alle zwei Wochen kontrollieren. Ein um ein Bar zu niedriger Luftdruck führt zu einem Mehrverbrauch von fünf Prozent.

Reifengröße und Reifenprofil beeinflussen den Rollwiderstand genauso wie der Untergrund. Große Räder und grobes Profil findet man jedoch eher bei Allrad-Reisemobilen.

Das Thema Geschwindigkeit nimmt eine gewisse Sonderstellung ein. Zwar ist der Rollwiderstand bei höherer Geschwindigkeit geringer, der Vorteil wird aber durch den dadurch bedingten höheren Luftwiderstand zunichte gemacht. Schnell fahren lohnt also nicht, schon allein, weil man stärker aufs Gaspedal treten muss und dadurch mehr verbraucht.

Zuletzt sollte man noch wissen, dass der Rollwiderstand kalter Reifen höher ist als bei warmgefahrenen Reifen, da sie im kalten Zustand höhere Reibverluste aufweisen. Nach ein paar Kilometern ist das Thema jedoch in der Regel erledigt.

Luftwiderstand

Für die meisten Besitzer von Wohnmobilen lässt sich hier nicht viel ändern. Sie sind vom Hersteller meist schon so konstruiert, dass sie möglichst wenig Angriffsfläche bieten, und dass man bauartbedingt nur sehr wenig bis gar nichts ändern kann. Interessant wird das Thema aber für alle, die zum Beispiel kleinere Fahrzeuge besitzen und einen Dachträger montiert haben. Hier macht es Sinn einen Spoiler zu montieren, der den Luftstrom über den Träger leitet. Ein gutes Beispiel, was das bewirkt, findet sich im nächsten Kapitel.

Die Faktoren, die den Luftwiderstand beeinflussen, sind:

- Fahrzeugfront
- Spoiler und Windlenkkörper
- flatternde Planen
- Luftverwirbelungen in offenen Aufbauten (oder bei offenen Fenstern)
- C_w-Wert
- Fahrgeschwindigkeit
- Gegen- oder Rückenwind

Gegen den letzten Punkt ist man machtlos. Die übrigen Punkte kann man jedoch gut

schon beim Neukauf oder beim Eigenbau des Fahrzeugs berücksichtigen.

Steigungswiderstand

Der Steigungswiderstand hängt von den Faktoren Fahrzeuggewicht und dem Grad der Steigung ab (Höhe & Weg). Beides kann man in gewissem Maß beeinflussen. Über Gewichtreduktion haben wir schon gesprochen. Starke Steigungen könnte man umfahren, wenn es keine allzu großen Umwege bedeutet. Plant man die Route schon im Vorfeld, kann man zum Beispiel stark bergige Strecken weiträumig umgehen, ohne wesentlich längere Distanzen unter die Räder nehmen zu müssen.

Der Steigungswiderstand hängt vom Fahrzeuggewicht und dem Grad der Steigung ab. Gewicht kann man einsparen, Steigungen nur umfahren.

Beschleunigungswiderstand

Mit jedem Beschleunigen muss die Fahrzeug-
masse wieder den Beschleunigungswiderstand
überwinden. Ist das Fahrzeug in Bewegung, ist er
dagegen gering. Um diesen Widerstand gering zu
halten, lassen sich drei Dinge tun:

- **gleichmäßige, dem Verkehr ange-
  passte Fahrweise**
- **vermeiden von Geschwindigkeits-
  spitzen**
- **vorausschauende Fahrweise**

Was bedeutet das konkret? Sieht man zum Beispiel, dass der Verkehr eher dicht ist und man
ohnehin nicht wesentlich schneller vorankommt,
kann man auf überflüssige Überholmanöver verzichten. Ich beobachte oft Fahrer, die auf der Auto-
bahn noch relativ kurz vor der Ausfahrt überholen,
um dann vor mir schnell auf die Verzögerungsspur
zu wechseln und dort stark abzubremsen. Der
Zeitvorteil würde im Rennsportbereich vielleicht
eine Rolle spielen. Auf dem Weg zur Arbeit oder
nach Hause dagegen eher wohl kaum, er liegt im
unteren Sekundenbereich, wenn nicht gar darunter.

Damit sind wir bei der vorausschauenden Fahrweise. Je seltener man auf die Bremse treten muss,
umso weniger Energie »vernichtet« man. Habe ich
im Blick, dass weiter vorne die Fahrzeuge langsamer werden, die Ampel auf Rot schaltet oder ich
weiß, dass ich gleich abbiegen will, muss ich nicht
bis kurz vorher auf dem Gaspedal stehen. Das
Fahrzeug schafft den Weg auch mit weniger oder
sogar ganz ohne Gas. Das bedeutet nicht, dass
man bei jeder Gelegenheit an die Ampel schleichen
soll. Es bedeutet so zu fahren, dass man erst kurz
vorher nur wenig bremsen muss.
Aber auch beim Beschleunigen muss man keine
Viertelmeilen-Rennen gewinnen wollen. Dafür

sind andere Fahrzeuge dann doch geeigneter. Eine
gleichmäßige Beschleunigung bringt den Wagen
ebenso auf Geschwindigkeit. Vielleicht nicht ganz
so schnell, aber auf Reisen lässt man es ja ohnehin
eher entspannt angehen.

Listen wir noch einmal ein paar Tipps aus der
Berufskraftfahrerschulung auf, die uns helfen,
umweltfreundlicher unterwegs zu sein:

- **gleichmäßig fahren**
- **Tempomat nutzen (wenn vorhanden)**
- **Abstände nach vorn vergrößern**
- **Besonderheiten der Strecke berück-
  sichtigen**
- **vorausschauend fahren**
- **Schwung des Fahrzeugs ausnutzen**
- **unnötiges Bremsen und unnötige
  Stopps vermeiden**
- **unnötiges Gasgeben vermeiden**

Ein weiterer Tipp ist das frühzeitige Hochschalten der Gänge, und das Fahren im grünen Bereich des Drehzahlmessers. Kennt man das Drehmoment, bei dem der Motor des Fahrzeugs die höchste Wirkung hat, fährt man möglichst in diesem Bereich, also nicht unter Volllastbereich, sondern nur unter Teillast. Dazu achtet man mehr auf den Drehzahlmesser als auf den Tacho und vor allem nicht auf das Gehör.

Hinzu kommt das Halten der Geschwindigkeit mit wenig durchgetretenem Gaspedal und das Ausnutzen der Rollphase. Sie beginnt, sobald man vom Gas geht und endet mit dem Stillstand oder einer neuen Beschleunigungsphase. Die Rollphase ist dabei natürlich der wirtschaftlichste Fahrzustand. Daher sollte man versuchen, die Masseträgheit des Reisemobils möglichst lange und oft zu nutzen. Natürlich ohne dabei zum Schleicher zu werden, der den fließenden Verkehr behindert.

Folgende Auflistung hilft dabei, in welchen Situationen sie sich jedoch gut nutzen lässt.

Bei Annäherung an:

- rote Ampeln
- Kreuzungen
- Geschwindigkeitsbeschränkungen
- Ortseingänge
- Kreisverkehre
- Kurven
- Engstellen
- Bahnübergänge
- und auf Gefällestrecken

Befassen wir uns zum Schluss noch mit dem Gedanken »Wer schneller fährt, kommt auch schneller an«. Das stimmt natürlich, allerdings nimmt die gewonnene Zeit mit zunehmender Geschwindigkeit ab.

Hier eine Tabelle, die zeigt wie lange man für 100 Kilometer
bei einer konstanten Geschwindigkeit benötigt.

Strecke 100 Kilometer	
Geschwindigkeit in km/h	Benötigte Zeit in Minuten
10	600
20	300
30	200
40	150
50	120
60	100
70	86
80	75
90	67
100	60
110	55
120	50
130	46
140	43

Natürlich: Fährt man besonders langsam, braucht man für die 100 Kilometer ziemlich lang. Aber wir sehen auch, wie der Unterschied bei hohen Geschwindigkeiten immer geringer wird. Beträgt er zwischen 80 und 100 km/h noch eine Viertelstunde, sind es zwischen 100 und 120 km/h nur noch zehn Minuten, zwischen 120 und 140 km/h schon nur noch sieben Minuten. Diese Rechnung berücksichtigt jedoch nicht den sonstigen Verkehr, sondern geht von einer konstanten Geschwindigkeit aus. Als wir 2019 mit unserem Bulli nach Portugal gefahren sind, waren wir in Frankreich, in Spanien und auch in Portugal auf den Autobahnen mit einer ziemlich gleichbleibenden Geschwindigkeit zwischen 120 und 130 km/h unterwegs, über hunderte von Kilometern. Schneller zu fahren hätte nicht wirklich viel Zeit eingespart, etwas langsamer unterwegs zu sein auf der anderen Seite auch nicht wahnsinnig mehr Zeit bedeutet. In Deutschland sieht das jedoch anders aus. Ich bezweifle mittlerweile stark, ob man es hierzulande überhaupt noch schafft, über 100 Kilometer eine konstante Geschwindigkeit einzuhalten. Vielleicht nachts zwischen drei und vier Uhr, aber auch da bin ich mir nicht sicher. Zumindest hier bringt es daher auch wenig, möglichst schnell zu fahren, wenn es gerade mal geht. Kurzzeitige Vollgasetappen bringen kaum einen Zeitvorteil und kosten nur unnötig Sprit – und Nerven. Noch ein Grund es gemütlicher angehen zu lassen. Schließlich ist man ja im Urlaub.

»Die Reise war ein entspanntes Landstraßenreisen, bei dem man viel mehr sieht und wahrnimmt.«

EINE REISE MIT DEM E-WOHNMOBIL

E-Autos sind in aller Munde. Für die einen einzig sinnvolle Alternative, für die anderen der eindeutig falsche Weg in die automobile Zukunft. Wie man auch dazu stehen mag, fest steht: Sie werden künftig noch stärker eine Rolle spielen als bislang, und die Hersteller werden mehr und mehr Modelle auf den Markt bringen, die Entwicklungen immer weitergehen.

Was heißt das aber für die Wohnmobilisten und Caravan-Fahrer? Ganz im Vordergrund dabei natürlich die Frage, ob man mit einem elektrogetriebenen Reisemobil auch wirklich auf Reisen gehen kann und wie das funktioniert.

Ob und wie das in der Praxis funktioniert, haben Dirk Müller-Paul und seine Frau Lotte ausprobiert und sind mit einem Nissan e-NV200, den sie für zwei Monate bei Next-Move gemietet und mit einem Camping-Einbau der Firma Van-Essa versehen hatten, knapp 5000 Kilometer bis nach Schweden und zurück gefahren. Insgesamt waren sie vier Wochen lang unterwegs. Die Tour führte von Süddeutschland, nahe der Grenze zu Österreich, nach Dänemark und dort an der Westküste hinauf bis nach Schweden. Und um es vorweg zu nehmen: Ja, eine Urlaubsreise mit dem E-Mobil funktioniert, die Reise gestaltet sich aber anders. Denn Strecke machen ist nicht – zumindest nicht mit den Fahrzeugen, die derzeit verfügbar und geeignet sind. Spätestens nach 250 Kilometern will der Nissan-Stromer neu geladen werden, 200 Kilometer sind allerdings die verlässlichere Strecke, wenn man ein wenig Reserve-Kilometer einplant, weil es an der angepeilten Stromsäule vielleicht zu Problemen kommen könnte. Das bedeutet aber auch, dass das Reisen gemütlicher, der Weg ein Stück weit zum Ziel wird.

Doch verlieren wir zunächst ein paar Worte zum Ausbau. Klar ist, der e-NV200 ist kein vollwertiges

Reisemobil und erinnert von Größe und Ausbau eher an einen selbst ausgebauten Bulli, der nur das Notwendigste beinhaltet. Das Heckmodul von Van-Essa ist mit Kühlbox, Gaskocher, Spülbecken und Schubladen sowie Klappbett auf die volle Fahrzeugbreite ausgestattet. Das Bett hat eine Breite von circa 1,3 Metern und ist in der Länge ausreichend. Allerdings kann man, wenn es ausgeklappt ist, auch nur noch im Bett liegen, aber nicht mehr stehen oder sitzen. Auch das Stehen funktioniert bei diesem Fahrzeug nur in sehr gebückter Haltung. Die Eigenschaften als Reisemobil sind also etwas grenzwertig.

Um Platz zu sparen, haben die beiden die Original-Klappmatratze daheim gelassen und stattdessen zwei dicke aufblasbare Schaummatratzen, ähnlich den Therm-a-Rest-Unterlagen, mitgenommen, weil sie die auch beim Kanufahren und Campen nutzen wollten. An den Sitzrückseiten hatten sie Taschen angebracht, die sich als sehr praktisch erwiesen haben. Außerdem hatten sie an den beiden hinteren Metall-Innenseiten, der Fläche, wo üblicherweise das Fenster sitzt, ebenfalls zwei Stautaschen befestigt, hier allerdings mit starken Magneten.

Das Gepäck und der sonstige Kram, den man so dabeihat, waren in insgesamt acht Euroboxen unterschiedlicher Größe untergebracht. Ein Teil davon wurde mit einem Sitzkissen versehen und als Hocker genutzt, andere dienten auch als kleiner Tisch. Ein zusätzlicher Klapptisch und Faltstühle waren abends am Feuerschalen-Feuer ein schöner Luxus.
Mit dabei war ebenfalls ein aufblasbares Kanu für zwei Personen und natürlich und das volle »Campinggerödel«. Eine 270°-Markise von Horntools am Dachträger sorgte für Schatten und Schutz vor Regenschauern. Hier hat sich jedoch herausgestellt, dass die Markise nach vorne zu wenig Abdeckung bot und der Platz sehr knapp war, wenn es regnete

oder die sengende Sonne von der falschen Seite schien. Das nächste Mal werden sie daher wohl eher mit einem Vorzelt unterwegs sein. Damit hat man zum einen zum Kochen und Essen einen geschützteren Platz und zum anderen soll es das Anfahren von Zielen rund um den Campingplatz erleichtern, da sie ein Modell auswählen wollen, das man auch ohne Fahrzeug stehen lassen kann.

Das 100-Watt-Solarmodul auf dem Dachträger war ausschließlich für die Campingbedürfnisse zuständig und lud eine autarke Batterie für Kühlschrank und andere Verbraucher. Es war auf einem Solarmount montiert und aufstellbar. Das Solarmount ist, genauso wie die mitgeführte Feuerschale, eine Eigenentwicklung von Dirk. Beides wird, neben vielen anderen Produkten, von ihm produziert und über seine Firma Relleumdesign vertrieben. Für das Laden der separaten Batterie war das Solarmodul komplett ausreichend.

Eine Lademöglichkeit über die große Fahrbatterie hatten sie zwar installiert, aber nicht genutzt, da das Solarmodul die Versorgerbatterie auch während der Fahrt lädt.

Der Motor des e-NV200 leistet 80 Kilowatt, der Akku hat eine Leistung von 40 Kilowattstunden. Im Schnitt lag der Verbrauch der beiden bei rund 15 bis 17 Kilowattstunden auf 100 Kilometer, was vor allem der gemütlichen Reisegeschwindigkeit und dem Fahren über Landstraßen zuzurechnen ist. Der Dachaufbau war dabei kaum zu spüren. Lediglich als bei einer sehr starken Windböe das vordere, auf die Schnelle selbst konstruierte Windschild weggerissen wurde, stieg der Verbrauch deutlich merkbar um mindestens 10 Prozent an. Dieses Windschild hat den kompletten, etwa zehn Zentimeter hohen Dachträger mit Solarmodul wie ein Keil nach vorne ergänzt.

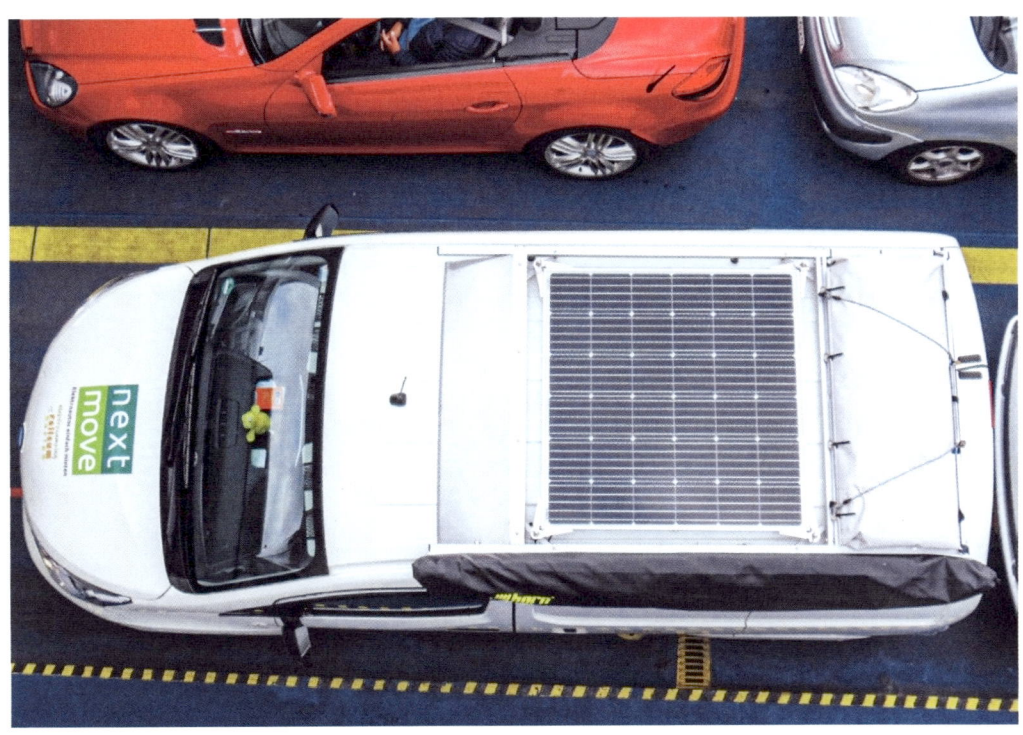

Die Ausbuchtung vom Aufblaskanu hinten fiel aufgrund der unvermeidbaren Verwirbelungen beim Verbrauch kaum ins Gewicht.

Bei Nutzung der Klimaanlage oder Heizung ist mit einer Reichweitenminderung von etwa 10 Prozent zu rechnen. Da ein E-Auto jedoch im Sommer nicht so heiß wird wie ein Fahrzeug mit Verbrenner-Motor, reichen meist offene Fenster, um für etwas kühlere Luft zu sorgen. Hier macht sich die fehlende Abwärme des Motors deutlich bemerkbar.

Die rechnerische Reichweite von 200 bis 250 Kilometern haben Lotte und Dirk nur selten ausgereizt. Meist sind sie eher unter 200 Kilometer gefahren, bevor sie nachgeladen haben. Das bedeutet: auf Landstraßen etwa zwei bis drei Stunden fahren, dann laden. Unterwegs konnten sie mit ihrem Fahrzeug auch auf Campingplätzen an den 230-Volt-Säulen laden. Eine lange Nacht reicht aus, damit man mit vollem Akku in die nächste Etappe starten kann.

Tagsüber haben sie dann noch ein- oder zwei-mal Strom »nachgetankt« und sind somit gegen Abend mehrere 100 Kilometer weitergekommen. In den Ladepausen haben sie etwas gegessen, waren spazieren und haben eine kleine Sightseeing-Tour unternommen, waren Kaffee trinken, haben ein Nickerchen gemacht, waren einkaufen, haben gelesen, etwas gearbeitet (Firmenmails beantworten), aufgeräumt oder haben ein Museum besucht und waren bummeln oder baden. Sie waren also ziemlich entspannt unterwegs. Möglich war das unter anderem, weil sie fast ausschließlich Landstraße gefahren sind. Das macht nicht nur mehr Spaß und man sieht mehr von der Welt, es erhöht die Reichweite eben auch deutlich.

Ladestationen gab es auch im (noch) eher dünn ausgestatteten Osten der Republik genügend. Navigiert haben sie mit den spezifischen Navigationsprogrammen der Ladenetzbetreiber.

Das bedeutet allerdings, dass man immer weniger Säulen sieht, als es tatsächlich gibt. Man muss also zwischen den verschiedenen Navi-Programmen switchen, und das erweist sich als mühsam. Dafür sieht man dann aber auch die Belegung und Funktionsfähigkeit.

Eine interessante Erfahrung, die sie gemacht haben, ist, dass es manchmal schneller geht, wenn man einmal öfter, dafür aber nicht 100 Prozent lädt, da die Ladegeschwindigkeit am Anfang am höchsten ist. Es gibt mittlerweile Apps, die einem das für die geplante Route sogar ganz genau ausrechnen (z. B. A-Better-Routeplanner (ABRP)). Als Alternative kann man aber auch eine neutrale Navigationssoftware verwenden, wie man sie zum Beispiel auf Internetseiten zum Thema E-Mobilität findet (z. B. www.goingelectric.de/stromtankstellen). Sie zeigen mit Filtern alle verfügbaren Säulen an. Jedoch hat man zum Bezahlen dann nicht immer unbedingt die passende Karte oder App.

Auf ihrer Reise haben Lotte und Dirk überall auf der Strecke genug Ladesäulen vorgefunden. Abgesehen davon, nehmen in letzter Zeit sowohl die Fahrzeugzahl als auch die Anzahl der Ladesäulen kontinuierlich zu. Damit wird das Netz deckender, allerdings nimmt auch die Zahl der Fahrzeuge zu, die dort zum Laden stehen. Einziges Problem bildete manchmal das Nachladen in Schweden. Hier gibt es zum Teil andere Betreiber und Ladekarten. Daher sollte man sich in Ruhe vorher besorgen, was man benötigt. Hierfür reicht es meist, sich zu registrieren und die Karte zuschicken zu lassen oder die entsprechende App zu laden. Unterwegs gestaltet sich das eher schwierig, da man sich verifizieren und eine Abbuchungs- beziehungsweise Lastschrifterlaubnis erteilen muss.

Bei einigen Apps funktioniert allerdings auch die Zahlung über PayPal. Lotte und Dirk haben die Tour zwar auch nur mit vier oder fünf deutschen Verträgen und ohne dänische und schwedische Ladenetzkarten geschafft, aber das war etwas lästig. Bei ihrer nächsten Reise würden sie das anders machen – aber da gibt es ja dann auch sicher schon wieder viele neue Möglichkeiten.

Ihr Fazit: Die Reise war ein entspanntes Landstraßenreisen, bei dem man viel mehr sieht und wahrnimmt. Die geplanten Ziele haben sie problemlos erreicht. Es ist eben eine andere Art des Reisens, denn, wie eingangs schon geschrieben: Strecke machen ist nicht. Dafür hört man bei offenen Fenstern die Vögel zwitschern und das Wasser und den Wind rauschen. Das Fahren selbst ist ohnehin sehr entspannend, denn es ist ein Fahren wie mit einem Fahrzeug mit Verbrennungsmotor und Automatik-Getriebe, nur noch schöner. Abgesehen davon fährt es sich in den nördlichen Ländern noch entspannter als bei uns, da dort weniger hektisch, schnell oder dicht gefahren wird. Aber das ist ein anderes Thema.

Die größten Nachteile beim Nissan sind laut Lotte und Dirk, dass er nur 2 Sitze, eine geringe Anhän-

Info:

Next-Move (www.nextmove.de) gibt es in mehreren deutschen Großstädten. Im Transporter-Segment sind derzeit der Nissan e-NV200 und der EVito von Mercedes-Benz im Fuhrpark, wobei der Vito eine geringere Reichweite hat als der Nissan. Beide Varianten können als leerer Kastenwagen gemietet werden. Den Einbau muss man dann selbst erledigen, wofür es aber von verschiedenen Herstellern mehr oder weniger fertige Lösungen gibt (z. B. www.vanessa-mobilcamping.de).

gelast und einen mindestens um 20 Zentimeter zu kurzen Laderaum hat. Dennoch haben sie sich den e-NV200 nach der Tour als Neuwagen gekauft. Da der mittlerweile arg in die Jahre gekommene VW-Passat-Kombi ersetzt werden, und das neue Fahrzeug für sie auch als Transporter für die eigene Firma dienen sollte, haben sie sich gegen ein Fahrzeug mit Verbrennungsmotor und für den Stromer entschieden. Und weil sie auf dem Dach ihres Hauses ohnehin schon länger eine Solaranlage geplant haben, lässt sich der Wagen künftig auch mit der Sonne betanken.

NACHWORT

Ich bin sicher, dass es noch einige Dinge mehr gibt, die sich umweltfreundlicher umsetzen lassen, als ich sie hier in meinem Buch aufgelistet habe. Und ich bin sicher, dass meine Vorschläge nicht die allein selig machende Wahrheit sind. Manchem Leser werden meine Tipps auch nicht weit genug gehen, anderen vielleicht schon viel zu weit.

Wie ich im Vorwort schon schrieb: Ich gehöre nicht zu den Menschen, die ständig mit dem erhobenen Zeigefinger durchs Leben gehen und anderen vorschreiben wollen, was sie zu tun oder zu lassen haben. Auch Verbote gehören für mich zur letzten Maßnahme, die man ergreifen sollte. Und die erst dann, wenn es gar nicht mehr anders geht oder von manchen Dingen wirkliche Gefährdungen ausgehen, wie etwa Asbest oder FCKW.
Ich setze lieber auf Einsicht, auch wenn ich mich manchmal frage, ob das wirklich in der breiten Masse funktioniert. Das Bonmot »Der Mensch ist gut, nur die Leut' sind schlecht« wird wahlweise dem österreichischen Dramatiker, Schauspieler und Opernsänger Johann Nestroy oder dem Münchner Komiker Karl Valentin zugeschrieben. Vom wem es auch stammen mag, es ist etwas Wahres darin. Als Gemeinschaft können wir uns auf Dinge einigen, als Einzelperson handeln wir aber nicht immer zwingend auch danach. Daher darf man sich an der einen oder anderen Stelle gerne mal an die eigene Nase fassen und das eigene Handeln überdenken.

Aber es sind auch Gewohnheiten, die man sich im Laufe der Jahre angeeignet hat, und Dinge, die schon im Elternhaus so gehandhabt wurden, die man irgendwann in Frage stellen kann, ja sogar sollte.

Vieles, was heute als wenig oder gar nicht umweltfreundlich gilt, wurde noch vor 20 oder 30 Jahren gar nicht in Frage gestellt.

Ich erinnere mich noch daran, dass es in meiner Kindheit und frühen Jugend im Supermarkt an der Kasse Papiertüten gab. Damals galten sie dann irgendwann als umweltschädlich, weil die Papierfabriken bei der Produktion die Gewässer in hohem Maß verschmutzten. Als sie durch Tüten aus Kunststoff ersetzt wurden, hat man das groß gefeiert. Heute wissen wir, dass die Plastiktüte auch nicht der Weisheit letzter Schluss ist, und sie wurde – zu Recht – mittlerweile in vielen

Bereichen verboten. Einer der wenigen Punkte, bei denen ein Verbot Sinn macht, da es bei den Supermarktbetreibern leider oft an Einsicht fehlt. Manchmal ist es aber auch schlicht so, dass der Einzelne sich über sein Handeln noch gar keine Gedanken gemacht und daher gar nicht erkannt hat, dass man es anders und damit umweltfreundlicher tun kann. Oder man hat schlicht noch nicht mitbekommen, dass es auch Alternativen gibt. Daher hoffe ich, dass mein Buch ein paar Denkanstöße dazu gibt. Selbst wenn man nicht alle meine Anregungen umsetzt, ist schon viel gewonnen. An dieser Stelle bemühe

ich noch einmal das Fazit von meinem Beispiel mit dem Blatt, das ich als Kind von einem Busch abgerissen habe, aus dem Kapitel Abfall. Macht es nur einer, schadet es kaum. Machen es viele, hat der Busch bald keine Blätter mehr. Im übertragenden Sinne hoffe ich also darauf, dass möglichst viele Leser die eine oder andere Anregung umsetzen. Denn dann erreichen wir eine Größe, die auch der Umwelt hilft. In diesem Sinne wünsche ich allen Lesern schöne und umweltfreundliche Reisen – egal wohin es geht.

Danke
Michael Scheler

»Jeder dumme Junge kann einen Käfer zertreten.

Aber alle Professoren der Welt können keinen herstellen.«

(Arthur Schopenhauer)

DEIN OFFROAD-AUSRÜSTER
MOBILE STROMVERSORGUNG

25 JAHRE
Nakatanenga

OptiMATE Solar-Kits in unterschiedlichen Leistungsstufen für viele Anwendungszwecke.

Paneele mit intelligentem Lade- und Überwachungsregler.

Sichere Langzeitwartung ohne dem Risiko einer Überladung der Batterie.

Automatische Erkennung und Durchführung einer notwendigen Batterieoptimierung.

Für eine vollmobile Nutzung empfehlen wir die Kombination der Paneele mit einer unserer **Akku-Boxen**.

Reserveradrucksäcke

Ideal für alles, was schmutzig, nass oder geruchsintensiv ist. **Halte die Natur sauber - nimm Deinen Müll mit!**

Mit einem Packvolumen von 47l oder 80l verfügbar.

ORDNUNG UND SAUBERKEIT
z. B. RESERVERADRUCKSACK

Nakatanenga
4x4-Equipment

**Inh. Peter Hochsieder e. K.
Ludwig-Erhard-Ring 30
92348 Berg bei Neumarkt
fon +49 (0) 9181 - 466644
info@nakatanenga.de
www.nakatanenga.de**